화상수업, 강연에 꼭 필요한

줌 활용을 알려줌

화상수업, 강연에 꼭 필요한 줌 활용을 알려줌

줌 유격대 (고정욱, 김원배, 정병길, 정은상, 정종영) 지음

비전코리아

머리말

선생님 안녕하십니까?

줌(Zoom)이 이제 전 세계 화상미팅의 대세로 자리 잡은 지도 어언 1년이 다 되어갑니다.

코로나19로 팬데믹이 선포됐을 때 저희 줌 유격대는 누구보다 발 빠르게 《줌을 알려줌》을 발간했습니다. 그 뒤 저희 줌 유격대는 다양한 활동을 통해 줌의 활용영역을 넓혔고 그로 인해 강연이나 강좌 혹은 교육에 적극 활용하며 유용성을 다시금 확인했습니다.

동시에 많은 분이 줌의 보급과 활용에 동참했습니다. 매주 일요일 저녁 8시에 개최되는 '낯선 사람 만나기'나 격주마다 개최되는 '글로벌 장애인 화상 포럼 줌 미팅' 등의 새로운 커뮤니티가 줌 유격대의 교육 캠프를 통해 형성되었습니다. 그뿐만 아니라 저희 줌 유격대는 장애인 축제 등 행사를 줌으로 생중계하여 500명 가까운 참가자가 즐길 수 있도록 하는 쾌거를 이루기도 했습니다.

이제 수많은 강사나 강연자가 화상회의를 받아들여 사용하기 시작했습니다. 심지어 국제회의나 텔레비전 프로그램조차도 비대면으로 이루어집니다. 공연이나 좌담 프로그램도 줌을 통해 소통하는 것을 볼 수 있습니다. 손쉽게 우리 안방에서 해외 석학들의 강연을 들을 수 있기도 합니다. 실로 놀라운 발전입니다. 세계는 이렇게 변화하면서 성장해 나가는 것 같습니다.

그러나 줌이라는 프로그램 역시 사람이 만든 것이라 부족한 점과 사용하면서 불편한 문제들이 계속 발생합니다. 이를 반영하여 줌 본사도 끊임없이 업데이트를 하고 있습니다. 첫 책인《줌을 알려줌》에 나왔던 많은 기능들이 지금은 좀 더 개선되거나 사라졌다는 사실이 이를 증명합니다.

저희 줌 유격대는 줌을 심도 있게 활용해본 결과,《줌을 알려줌》에서 다루지 못한 많은 내용이 있음을 확인했습니다.

게다가 지금도 현장에서 겪는 불편함이나 다양한 애로사항이 줌 유격대로 접수되고 있습니다. 따라서 저희 줌 유격대는 줌의 빠른 기능 개선과 보급 속도를 따라잡기 위해 활용편을 내기로 하였습니다.

이 책은 줌 유격대로 접수된 문제들을 반영하였습니다. 고급 기능이 많이 들어가 있습니다. 저희들이 시도하거나 사용하는 내용을 따라 하시다 보면 손쉽게 줌의 고급 기능을 익힐 수 있게 되고, 그로 인해 줌을 좀 더 실용적으로 편리하게 응용하실 것입니다.

그럼에도 불구하고 줌은 계속 업데이트되고 있습니다. 업데이트 알림이 뜨면 꼭 실행하시길 바랍니다. 그리고 자주 활용하고 사용함으로써 좀 더 줌을 잘 사용하는 선생님이 되시길 바랍니다.
참고 기다리면 반드시 기회는 옵니다. 불가능은 없습니다. 코로나19 백신이 가시화된 지금 줌을 이용한 화상미팅은 더욱더 활성화할 것입니다. 코로나 이후의 시대는 줌 같은 화상회의가 일상화된 시기라고 봅니다. 사람들은 이미 비대면 화상회의에 익숙해졌고, 그것이 우리 생활에 한 부분으로 자리 잡을 것이 분명하기 때문입니다. 더더욱 줌의 심화학습이 필요한 이유이기도 합니다.

모쪼록 이 책이 여러분에게 도움이 되고 줌을 통하여 새로운 세계를 맛보시는 데 이바지했으면 합니다.

2021, 줌 유격대 일동

차례

CHAPTER 04

화상강의 꿀팁

CHAPTER 05

줌 활용의 끝판왕!

부록

CHAPTER 01

줌의 기본, 줌 활용 잘하고 있나요?

1 줌과 다른 솔루션과의 차이점

2 유료 계정 사용하기

3 줌ID 관리하는 법

4 또 유료 계정을 하라고?

5 줌 비밀번호 변경하는 법

6 회의 초대하기

7 스마트폰과 PC 줌 기능 비교

QR코드를 스캔하면 '줌을 알려줌'
줌 고급 활용 동영상 강의를 들을 수 있습니다.

01 줌과 다른 솔루션과의 차이점

화상회의 프로그램에는 줌 외에도 최초의 화상회의 시스템인 시스코 웹엑스(Cisco Webex)를 비롯해, 구글 미트(Google Meet), Skype, MS Teams, 구글 클래스룸(Google Classroom), 네이버 밴드 라이브, 카카오톡 페이스톡, 애플 페이스타임, 라인 라이브, 고투미팅(GoTo Meeting), 리모트미팅(RemoteMeeting)등 여러 가지가 있다.

여기서 우선 화상회의, 화상수업, 화상통화를 구분해야 한다. 화상회의는 일방향이 아닌 쌍방향 회의 솔루션이므로 다른 수업용이나 통화용과는 구분이 필요하다.

여러 프로그램 중에서 단연 줌이 돋보이는 이유는 사용하기에 워낙 편리하고 서버가 안정되어 있으며 다른 솔루션에서 제공하지 않는 소회의실, 설문조사, 자막 넣기, 녹화하기, 페이스북과 유튜브 라이브 방송 연결 등 다양하고 유익한 기능이 있기 때문이다. 웹엑스는 최근 설문조사 기능을 추가하면서 줌을 추격하고 있다. 이들의 각축전은 결국 소비자들에게 더욱 많은 유익을 가져다줄 것이다.

특히 줌 활용을 강조하는 이유는 일단 줌을 제대로 이해하고 나면 나머지 솔루션은 아주 쉽게 적용할 수 있기 때문이다. 그만큼 줌이 화상회의 프로그램 시장에서 선두 주자라는 말이다.

모쪼록 지난번 출간했던 《줌을 알려줌》과 이번 책을 통해 충분히 줌을 학습할 수 있기를 바란다.

글로벌 화상회의 솔루션 그룹 5종	클라우드 서비스 화상회의 그룹 3종	글로벌 협업툴 화상회의 그룹 3종	국산 화상회의 솔루션 그룹 5종

[1-1] 다양한 화상회의 프로그램

02 유료 계정 사용하기

줌 강의를 활성화하면 문제가 두 가지 있다. 사용 시간이 40분으로 제한된다는 것과 인원수에 제한이 있다는것. 이럴 땐 어떻게 해결해야 할까?

줌 역시 기업이 하는 사업이라 당연히 수익을 추구한다. 그들은 무료 계정으로 일단 줌을 쉽게 사용하게 한 뒤 유료 전환을 유도한다. 무료 계정과 유료 계정에는 기능 면에서 차이가 있다. 단순 참여자는 문제가 없지만 호스트는 유·무료 상태를 먼저 파악한 후 진행해야 효율적으로 강의할 수 있다. 필자는 초기엔 무료로 줌을 사용하다가 점점 강의가 많아지고 참여자가 늘어나면서 결국 유료 서비스를 신청했다.

유료 서비스를 신청하는 방법은 다음과 같다. 초기 메뉴에서 요금제 및 가격 책정에 들어가면 다양한 요금제가 나온다. 필자 역시 초기엔 100명까지 무제한 시간대로 회의할 수 있게 '프로'에 가입했다. 월 사용료가 14.99달러다. 이보다 상위 요금제는 300명까지 가능한 '비즈니스', 그보다 위는 500명 이상인 '기업'이다.

하지만 비즈니스 계정은 호스트가 10명이 되어야 하고, 기업 계정은 매월 사용료가 꽤 비싸다. 그러므로 개인은 프로 계정을 사용하고 참여자가 늘면 500/1,000명 옵션을 사용하면 된다.

[1-2] 줌 무료와 유료 계정의 차이

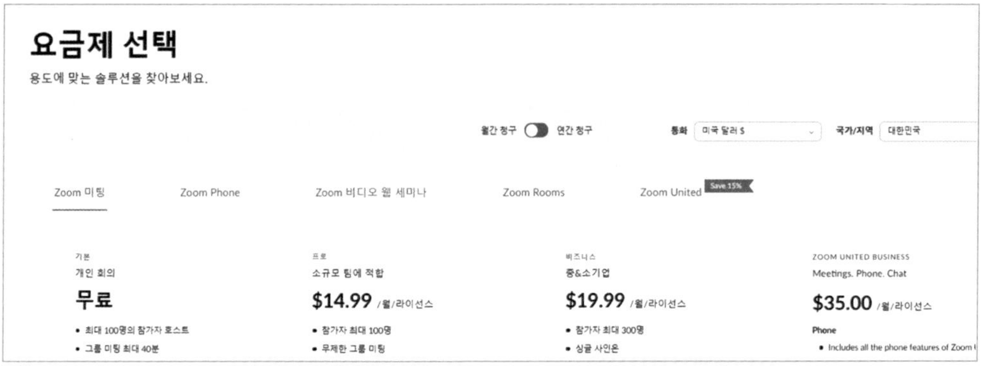

	무료 계정	유료 계정	비고
시간	1:1인 : 무제한 3~100명 : 40분	무제한	
인원 제한	100명	요금에 따라 차등	
호스트	양도 가능	양도 또는 공동 호스트	유료 후 홈페이지에서 공동 호스트 설정 필요
화면 공유 권한	모두에게 부여 가능	모두에게 부여 가능	
비밀번호	무조건 사용	사용 생략 가능	숫자 4자리 이상
기록(녹화)	컴퓨터에 가능	컴퓨터 혹은 줌 클라우드에 가능. 공동 호스트도 가능	
설문조사	없음	있음	
소회의실	있음	있음	
페이스북 혹은 유튜브 라이브 스트리밍	없음	가능 - 선택 1	

03 줌 ID 관리하는 법

무료 회원으로 가입하면 줌으로부터 개인 회의 ID(PMI: Personal Meeting ID)를 받는다. 줌ID는 개인 전화번호나 특정 번호를 설정하여 고정할 수 있다. 개인 회의 ID는 첫 자리 숫자로 0과 1은 사용할 수 없다. 이 ID는 나중에 유료 회원으로 변경해도 동일하

[1-3] 개인 ID를 잘 적어두자.

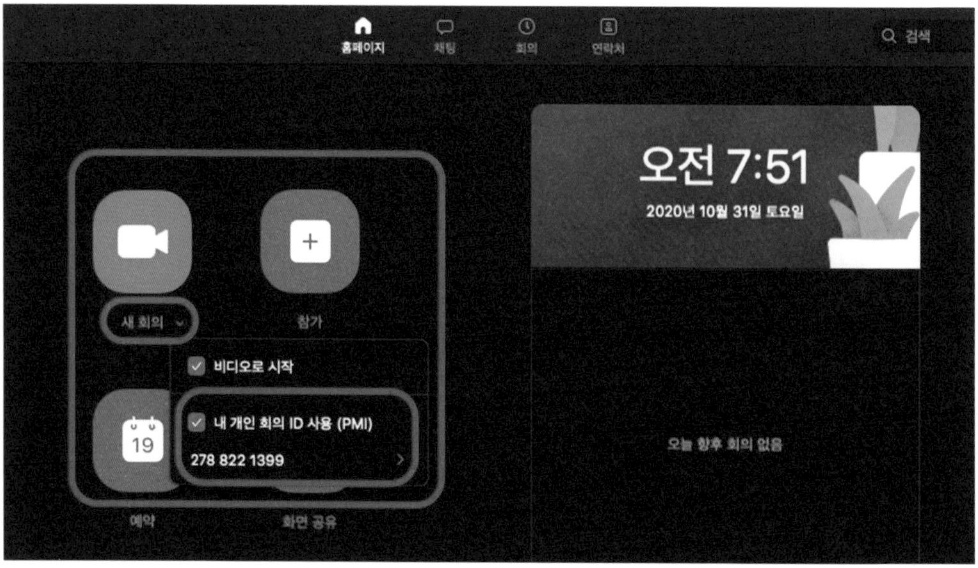

게 사용할 수 있으며 다른 이메일 주소로 별도의 ID를 만들 수 도 있다.

줌 ID를 잘 적어두면 매번 회의를 시작할 때 초대 링크나 ID를 복사할 필요 없이 참가자에게 카톡이나 문자 또는 이메일로 보내줄 수 있다.

노트북이나 데스크톱에서 〈새 회의〉 옆에 있는 꺾쇠를 누르면 자신의 고유 ID가 보이는데 반드시 클릭을 해두는 것이 좋다. 그렇지 않으면 줌에서 임시번호를 매번 부여하기 때문에 참가자에게 회의할 때마다 변경된 ID를 알려줘야 한다.

04 또 유료 계정을 하라고?

어제 요금을 결제하고 수십 명이 2시간 회의를 잘 마쳤다. 오늘 다시 로그인하고 회의를 시작하려는데, 또 돈을 내라는 다음과 같은 메시지가 뜬다.

> Zoom 기본 요금제에는 참가자가 3명 이상인 회의에 대해 40분 시간제한이 있습니다. 지금 업그레이드하고 무제한 그룹 회의를 시작해보십시오.

어제 결제한 내 돈은 어디로 가고, 또 유료 계정을 요구하나? 영어도 못하는데 어디다 하소연해야 하나….

오늘 새로 로그인하면서 쉽게 눈에 띄는 'Google로 로그인' 또는 'Facebook을 사용하여 로그인' 등 유료 계정이 아닌 다른 ID로 로그인하여 무료 계정으로 들어가서 생긴 해프닝일 것이다.

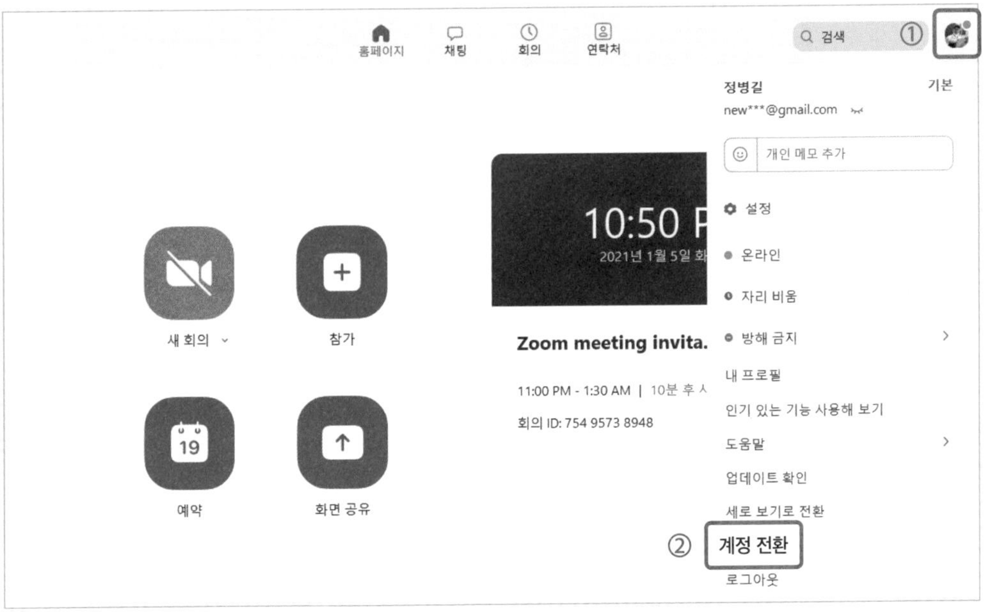

[1-4] 계정 전환하기

이때 ①〈기본〉을 클릭하고 ②〈계정 전환〉을 클릭하여 유료 가입 때 받은 ID와 비밀번호를 정확히 입력하면, 날아간 내 돈이 돌아오고 결제한 정상적인 유료 사이트를 운용할 수 있다.

05 줌 비밀번호 변경하는 법

무료 계정은 무조건 비밀번호를 사용해야 한다. 비밀번호를 반드시 사용하게 한 이유는 보안을 위해서다. 비밀번호 없이 누구나 회의에 불쑥 들어오는 폐단을 없애기 위해서 무료 계정에서 비밀번호를 사용하도록 지정해두었다. 줌은 보안 문제가 계속 제기되

[1-5] 비밀번호 변경은 PMI 설정에서 할 수 있다.

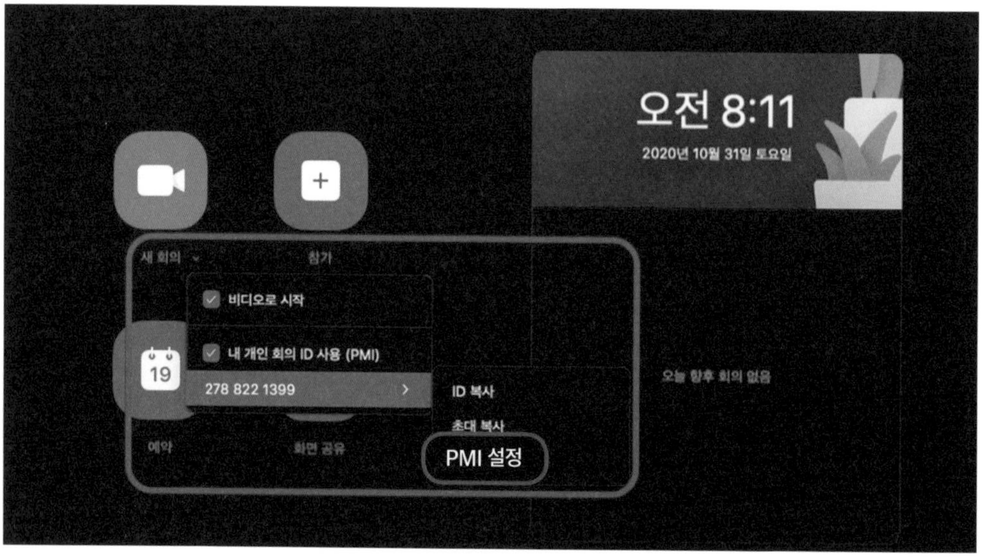

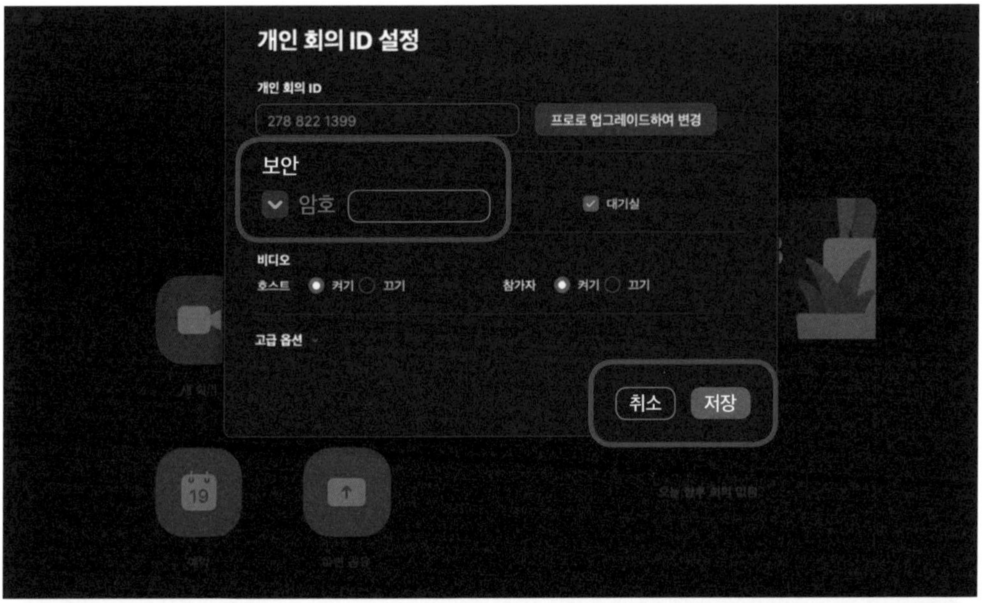

[1-6] 비밀번호 입력창(위)

[1-7] 암호 사용 여부(아래)

어왔기 때문에 특히 비밀번호 사용에 민감하다. 처음 PMI 설정에 들어가면 영문 대소문자와 숫자가 섞인 비밀번호가 자동으로 부여되는데, 원하는 번호로 변경할 수 있다. 비밀번호는 4자리 이상이면 되고 숫자만으로도 지정할 수 있다. 비밀번호를 변경한 후에는 반드시 우측 아래 〈저장〉을 누른다.

무료 계정과 달리 유료 계정에서는 비밀번호를 사용하지 않도록 설정할 수도 있다. 누구든지 쉽게 줌 미팅에 참가할 수 있게 비밀번호를 빼버리면 편리할 때도 있다.

여러 번에 걸쳐 회의를 예약할 때 비밀번호를 변경하면 최종 예약한 비밀번호로 바뀌므로 주의해야 한다. 이런 경우에는 유료 계정을 사용하면서 비밀번호를 사용하지 않거나 예약된 회의 시작 전에 비밀번호를 재삼 확인한다. 그렇지 않으면 참가자들에게 사전에 통지한 비밀번호가 맞지 않아 당황스러울 수 있다.

06 회의 초대하기

1) 예약 초대하기

회의 초대하기에는 몇 가지 초대 방법이 숨어있다.

회의 예약 후, 회의 시작 화면의 그림의 상단 ①〈회의〉를 클릭한다. 다음 좌측에 열거되는 회의 중 초대할 회의를 ②와 같이 클릭하여 ③의 〈초대 복사〉를 하는 방법이다. 〈초대 복사〉한 것을 카톡 등 SNS에 붙여 넣고, 더 필요한 내용은 삽입하고 필요 없는 부문은 삭제하는 등 적정하게 편집하여 전송하면 된다. 참가자는 링크를 통해 입장하는 방법과 ID와 암호를 입력하여 입장하는 방법이 있다. 후자의 경우에 초대자인 강사는 쉬운 암호를 설정하여 참가자가 쉽게 입장할 수 있도록 하는 재치가 필요하다. 백신을 계약하는 중요한 비밀회의가 아닌데도 암호가 어렵게 설정되어 참가를 어렵게 한다면, 이 명강사는 줌에 대해서만큼은 왕초보임을 자인해 주는 꼴이다.

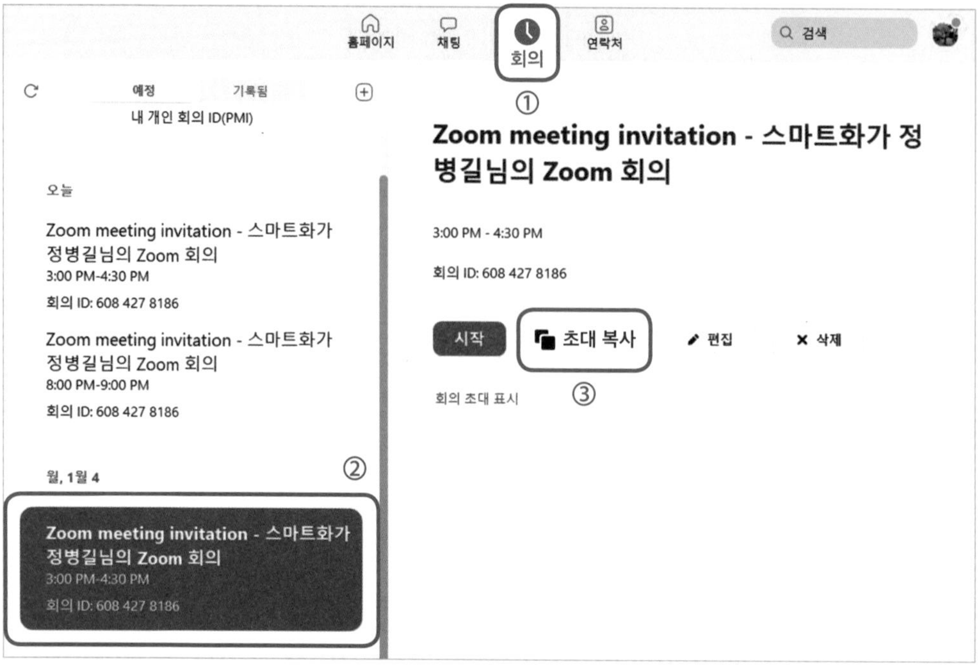

[1-8] 예약 후 초대

또한, 여러 개의 회의 예약 시 암호를 다르게 하면 최종 암호가 종전 예약 회의 암호까지 변경시킨다는 점을 알아야 한다. 그래서 여러 개의 예약 회의에서 암호사용에 유의해야 한다.

초대 복사 및 재편집 예시

1월4일 오후 3시, 기다리던 '줌모바일미술 아카데미 입문반' 7강입니다.
스마트화가 정병길이(가) 예약된 Zoom 회의에 귀하를 초대합니다.

주제: Zoom meeting invitation - 스마트화가 정병길님의 Zoom 회의
시간: 2021년 1월 4일 3:00 오후 서울

Zoom 회의 참가
https://us02web.zoom.us/j/6084278186?pwd=K0NaNDBWWVpvQ3gyenlxb1BDWkdadz09
회의 ID: 608 *** ****
암호: 2345

2) 회의 시작 후 초대하기

회의 시작 후 참가 대상자를 초대하는 방법이다.
회의 시작 후 [1-9]에 표시된 ①의 녹색 아이콘을 클릭하면 화면에 회의 정보가 나타나는데, ②의 〈링크 복사〉를 활용하는 방법이다.
[1-10] 하단의 〈참가자〉 표시 옆 ①의 아이콘을 클릭하면 〈초대〉가 나타난다. 〈초대〉를 클릭하면 위와 같이 작은 화면에 ②〈초대 링크 복사〉(링크만 표시) ③〈초대 복사〉(링크, ID, 암호 표시)가 나오는데, 이 중 적정한 링크를 복사하여 카톡 등 SNS를 통해 전달하고 초대하면 된다.

[1-9] 초대 방법 1(위)

[1-10] 초대 방법 2(아래)

07 스마트폰과 PC 기능 비교

줌 미팅을 하다 보면 화면이 세워진 경우가 있다. 십중팔구 스마트폰으로 접속한 사람이다. 스마트폰과 PC의 근본적인 차이다. 이 두 디바이스의 차이는 무엇일까?

줌 유격대에서 개최하는 매주 일요일 저녁 8시 '낯선 사람 만나기'를 보면 줌 사용에 숙달되지 않은 사람들이 화면을 세워서 접속한다. 그러면 다른 사람들이 화면을 가로로 돌리라고 조언해준다.

줌을 사용할 때 스마트폰과 PC의 눈에 띄는 공통점 및 다른 기능은 아래와 같다. 이를 간과하고 진행하면 상호 소통하는 데 불편이 생길 수 있다. 미리 익혀두면 기기에 따른 차이를 이해하고, 원활하게 소통할 수 있다.

1) 화면의 크기로 인한 차이

PC는 화면에서 25인이나 49인을 한눈에 볼 수 있는 데 반해 스마

[1-11] 스마트폰으로 접속하면 화면이 세로일 때가 있다.

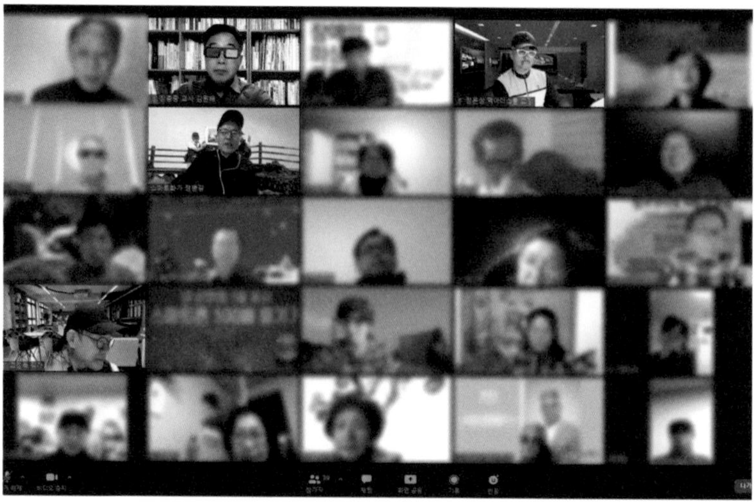

트폰은 화면 안에 네 사람밖에 들어오지 않는다. 4인 이상을 보려면 손가락으로 화면을 우에서 좌로 넘겨야 한다. 그렇다 보니 많은 사람이 참여하는 회의에서는 누가 들어왔는지, 어떤 반응을 보이는지 알기가 어렵다.

2) 이동성의 차이

줌을 널리 알리기 위해 모인 '줌 유격대'의 아침 회의 시간에 필자는 지방 강연 차 기차를 타거나 자동차를 운행할 때가 있다. 물론 얼마든지 줌으로 화상회의를 할 수 있다. 이런 불가피한 상황에서는 스마트폰으로 접속할 때가 압도적이다. 세상 어디에서든 줌을 통한 화상회의가 가능한 이유다.

3) 손떨림 문제

스마트폰을 사용할 때 아무래도 손에 들고 회의를 하는 경우가 있다. 그로 인해 손떨림이 발생할 수 있는데, 참가자라면 크게 상관은 없다. 하지만 발표자라면 문제가 된다. 스마트폰이 흔들려 어지럽기 때문에 회의 참가자들이 발표에 집중하기가 어렵다.

	스마트폰	PC
설치	플레이스토어 또는 앱스토어 - ZOOM Cloud Meetings 다운로드	홈페이지 (https://www.zoom.us) 에서 다운로드
가상 배경	사용 가능	사용 가능
화면 공유	가능(불편함)	가능
기록(녹화)	가능(유료 시 가능)	가능
채팅	가능(더 보기에서)	가능
반응	가능	가능
소회의실	없음	가능
설문조사 작성	없음	가능(유료 시)
한 화면당 보이는 참가자	4명	25명(49명)

1. 데스크톱에서는 많은 참석자를 한 화면에 볼 수 있다.
2. 스마트폰은 이동성이 더 좋다.
3. 스마트폰은 손떨림 현상이 발생한다.

CHAPTER 02

공유와 저장만 알아도 당신은 줌 고수!

01 자료를 공유하는 법

1) 텍스트, 이미지, 동영상 공유 방법

공유는 줌 기능 중 가장 핵심적인 내용이다. 줌에서 제공하는 공유 기능을 충분히 익혀 잘 활용하면 회의나 강연에 큰 도움이 된다. 화상회의에서 서로 얼굴을 보고 대화를 나누는 것이 기본 기능이라면 자료 공유는 고급 기능에 해당한다. 무엇보다 자료를 아주 쉽게 모든 참가자와 공유할 수 있어서 편리하다. 여러 화상회의 솔루션 중에서 줌의 화면 공유 기능은 탁월하다.

〈화면 공유〉를 누르면 세 가지 옵션이 나온다. 첫 번째는 기본인데, 현재 사용 중인 컴퓨터 화면, 화이트보드, 에어플레이(AirPlay)를 통한 iPhone/iPad, 유선을 통한 iPhone/iPad를 선택할 수 있다. 듀얼 모니터를 사용하면 컴퓨터 화면 1 또는 2에 파워포인트(PPT)나 구글 크롬을 미리 컴퓨터에 띄워놓고 선택할 수 있다.

두 번째는 고급 공유인데, 파워포인트를 가상 배경으로 공유하거나 화면 일부를 공유할 수도 있다.

마지막 세 번째는 Dropbox, MS OneDrive, Google Drive와 Box의 내용을 공유할 수 있다.

공유하는 내용이 텍스트나 이미지일 때는 상관없지만 유튜브를 포함한 동영상을 공유할 때는 반드시 화면 좌측 하단에 있는 〈컴퓨터 소리 공유〉와 〈비디오 클립을 위한 화면 공유 최적화〉를 클릭해야 한다.

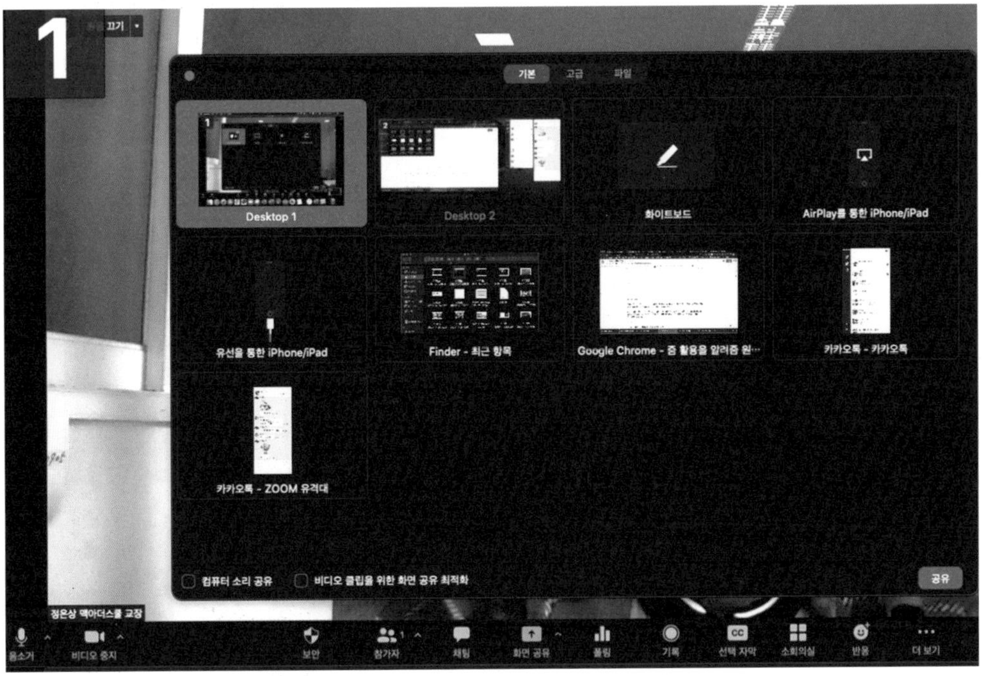

[2-1] 화면 공유의 기본

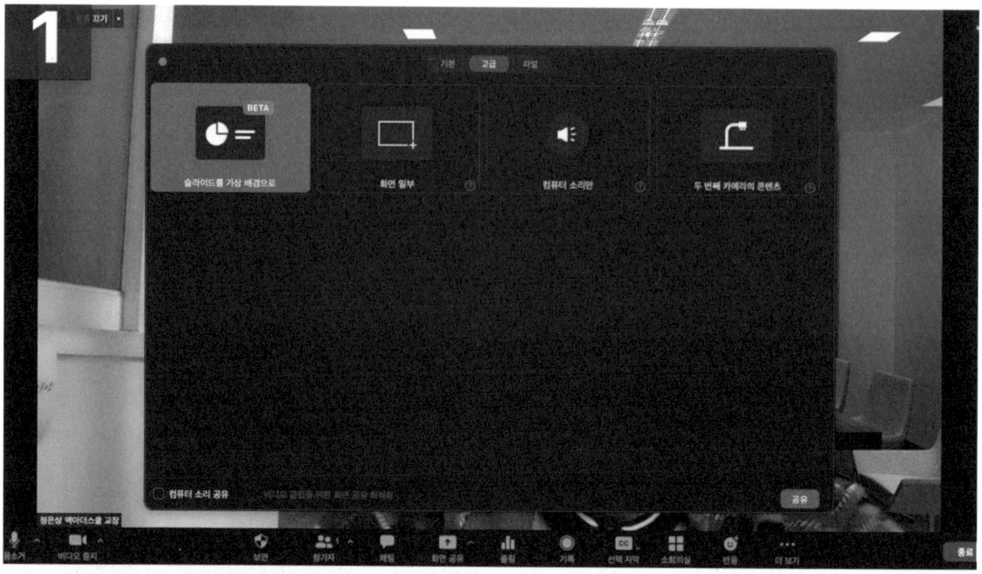

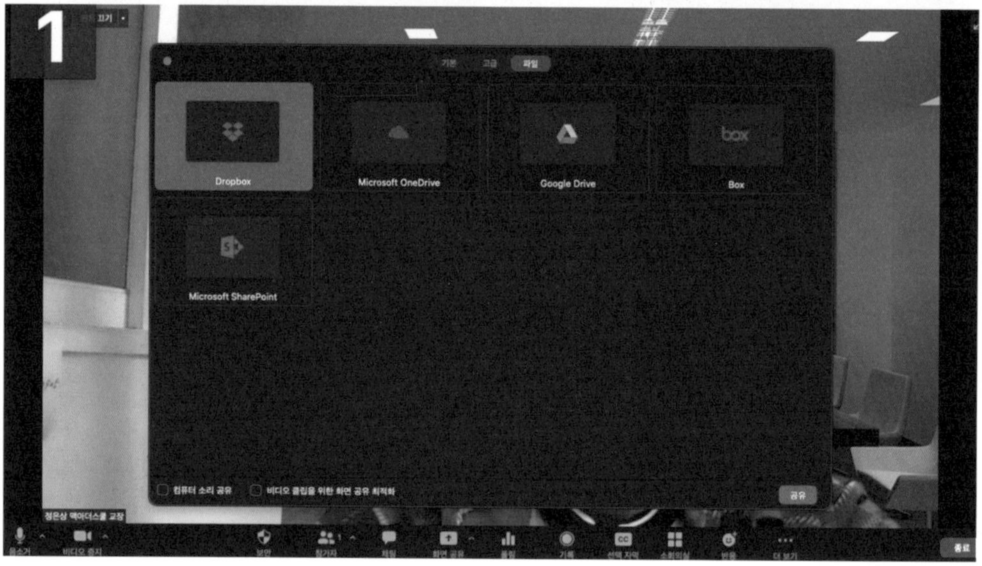

[2-2] 〈고급 공유〉 방법(위)
드라이브 파일 공유하기(아래)

2) 원하는 화면이 공유되지 않을 때

인터넷 연결이 불안정할 때 자주 일어나는 현상이다. 그럴 때는 재빨리 공유를 중지하고 우선 인터넷을 점검한 후 다시 시도하는 것이 좋다.

3) PPT를 공유할 때 바로 슬라이드 쇼가 되게 하는 방법

줌 회의에 참여하다 보면 공유하는 데 시간이 걸리는 발표자가 있다. 미리미리 준비해두지 않다 보니 자신의 컴퓨터 안을 참가자 모두에게 보여주면서 파일을 찾느라 바쁘다. 오프라인이 아닌 온라인상에서의 1초는 엄청 긴 시간이다. 〈공유〉를 클릭하면 바로 화면에 파일이 떠야 한다.

화면 공유로 바로 보여주려면 강의 자료나 회의 자료를 미리 설정해둬야 한다. 그렇지 않으면 본인 컴퓨터 내용이 모두 공개될 수 있다. 보안을 위해서도 발표 자료를 미리 준비해두고 줌 회의를 진행해야 한다.

PPT 원고를 작성한 후 메뉴 〈슬라이드 쇼 ⇨ 쇼 설정 ⇨ 웹 형식으로 진행〉을 클릭하고 〈확인〉을 누른다. 〈웹 형식으로 진행〉을 설정하면 강의할 때 내 컴퓨터에 준비되어 있는 여러 자료를 편리하게 공유할 수 있다.

〈웹 형식〉으로 지정하고 슬라이드 쇼를 했을 경우 컴퓨터 화면

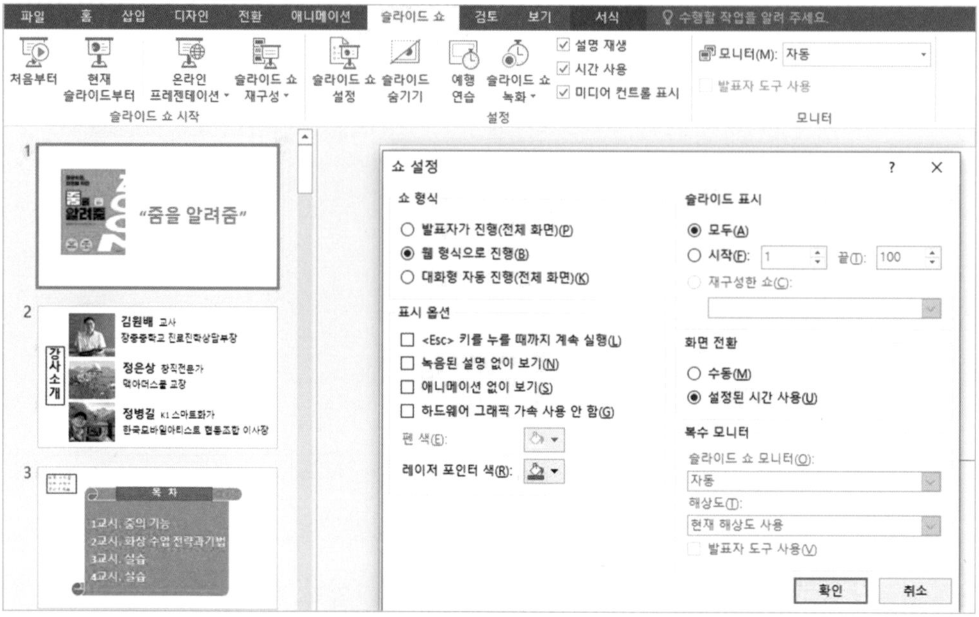

[2-3] PPT를 웹 형식으로 변환

[2-4] PPT를 웹 형식으로 했을 경우

아래 부분에 실행해놓은 파일들을 볼 수 있다. PPT 자료는 〈웹 형식〉으로 지정해놓고 강의하는 것이 편리하다. 전체화면으로 공유했을 경우 컴퓨터 바탕화면에서 메뉴를 찾는 데 어려움이 있다. 〈메뉴〉가 보이지 않아서 슬라이드 쇼를 해제하고 다른 파일을 공유 또는 보여줘야 하기 때문이다.

[2-5] 링크를 공유 화면에서 실행하기

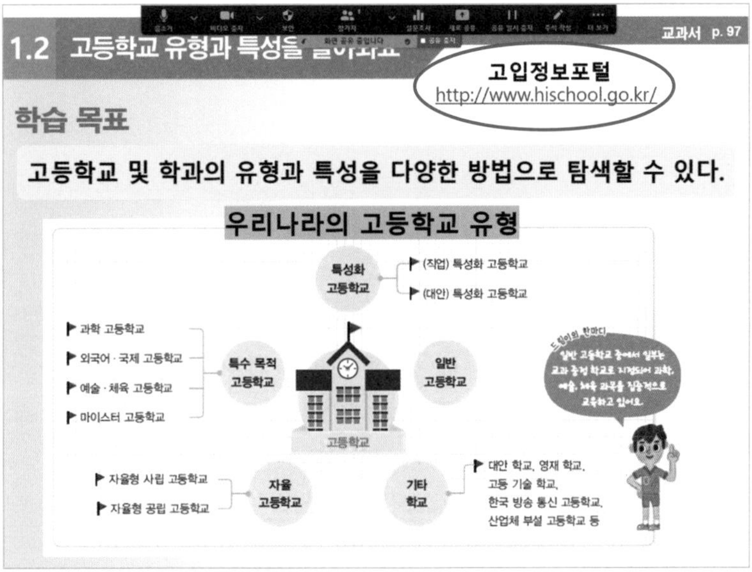

[2-6] 공유 화면

4) 링크 공유 시 주의할 점

[2-5]처럼 문서를 공유하여 설명하면서 문서 안에 있는 '고입정보포털' 링크를 클릭해서 관련 자료를 보여주고자 할 때는 [2-6]처럼 공유 화면에서 줌 화면을 클릭해 문서를 공유해야 한다. 줌 화면을 클릭해서 공유하지 않고 강의 자료 문서를 클릭해서 문서 내에 있는 동영상 링크를 보여줄 경우에는 수강자들에게 영상이 보이지 않는다. 링크가 포함된 문서로 강의할 때는 반드시 공유 화면에서 줌 화면 공유를 선택해야 한다.

02 공유의 기술

1) 맥북이나 맥에어에서 아이폰이나 아이패드 화면 띄우기

줌에서 화면 공유를 하고 〈AirPlay를 통한 iPhone/iPad〉를 선택한 후 아이폰을 손가락으로 쓸어내린다. 그런 다음에 화면 미러링을 선택한 후 맥북이나 맥에어 이름을 선택하면 아이폰 화면이 줌 화면에 공유된다.

[2-7] 아이폰과 아이패드 화면 공유하기

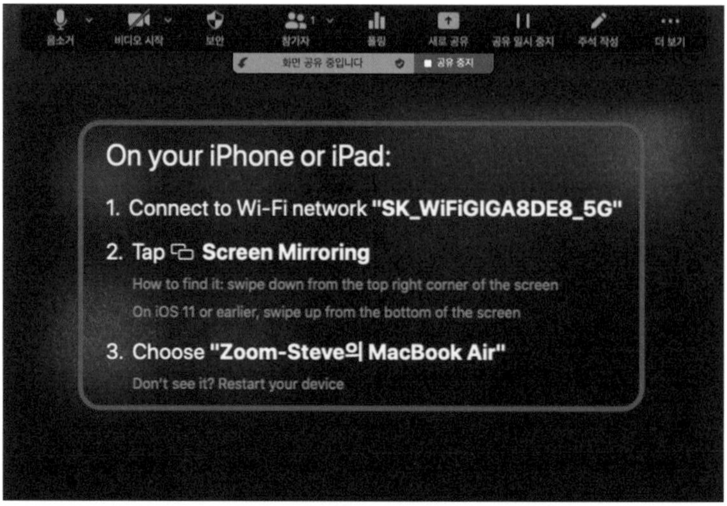

[2-8] 아이폰과 아이패드 공유 옵션

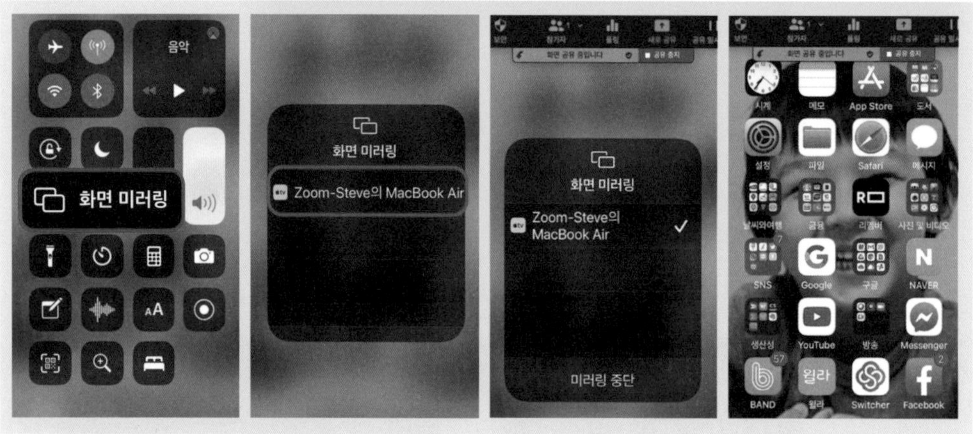

[2-9] 화면 미러링

아이패드도 아이폰과 같은 방법으로 공유할 수 있다. 아이폰과 아이패드를 무선으로 공유할 때는 맥북이나 맥에어와 동일한 와이파이를 사용해야 한다. 또한 아이폰과 아이패드를 유선으로 연결해서 공유할 수도 있다.

2) 유튜브 공유하기

유튜브를 공유하려면 화면 공유를 누른 후 왼쪽 아래에 있는 〈컴퓨터 소리 공유〉와 〈비디오 클립을 위한 화면 공유 최적화〉를 반드시 활성화해야 한다. 그렇지 않으면 유튜브 화면만 공유될 뿐

[2-10] 유튜브 공유 시 소리 공유하기

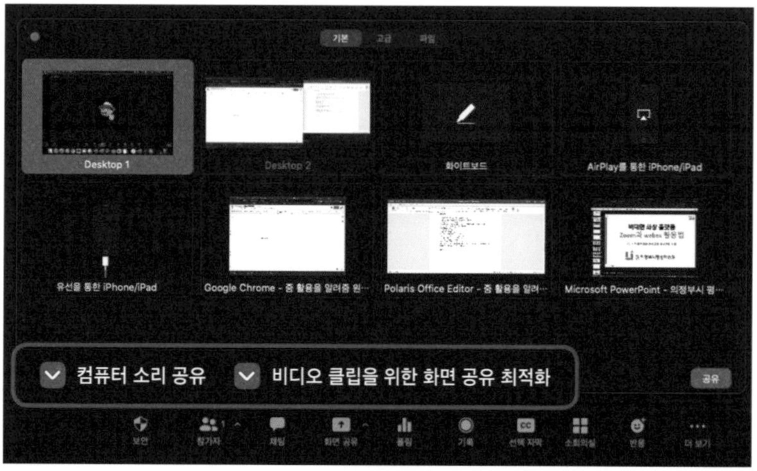

[2-11] 유튜브 공유 시 소리를 공유한 실제 화면

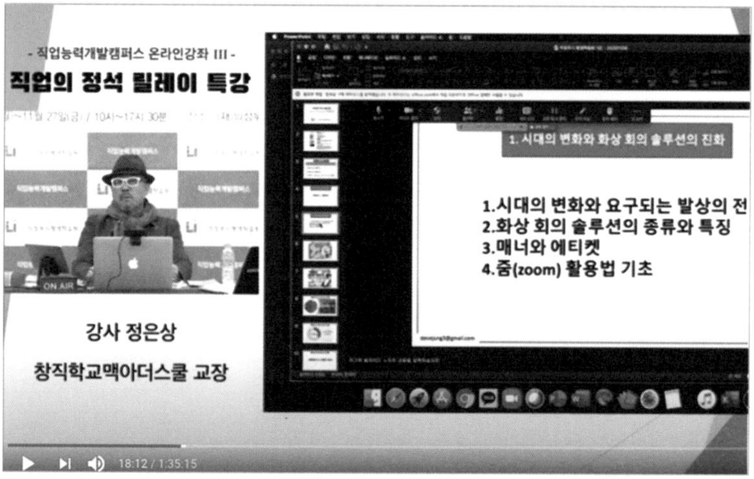

소리는 공유되지 않는다.

유튜브에 업로드하지 않은 용량이 큰 동영상을 공유할 때 가끔 버퍼링이 생기거나 영상 끊김 문제가 발생한다. 이를 피하기 위해 회의 참여자 외의 사람들에게 공개하지 않으려는 동영상은 '나만 보기' 모드로 유튜브에 업로드한다. 유튜브에서 공유하기 쉽도록 영상을 최적화해준다.(p.51 참고)

3) 화면 일부 공유하기

어떤 화면의 일부만 공유할 수도 있다. 먼저 화면 공유를 누르고 중간 맨 위에 있는 고급을 누르면 〈화면 일부〉가 나온다. 이를 선택하면 [2-12]와 같이 화면의 일부를 공유할 수 있다.

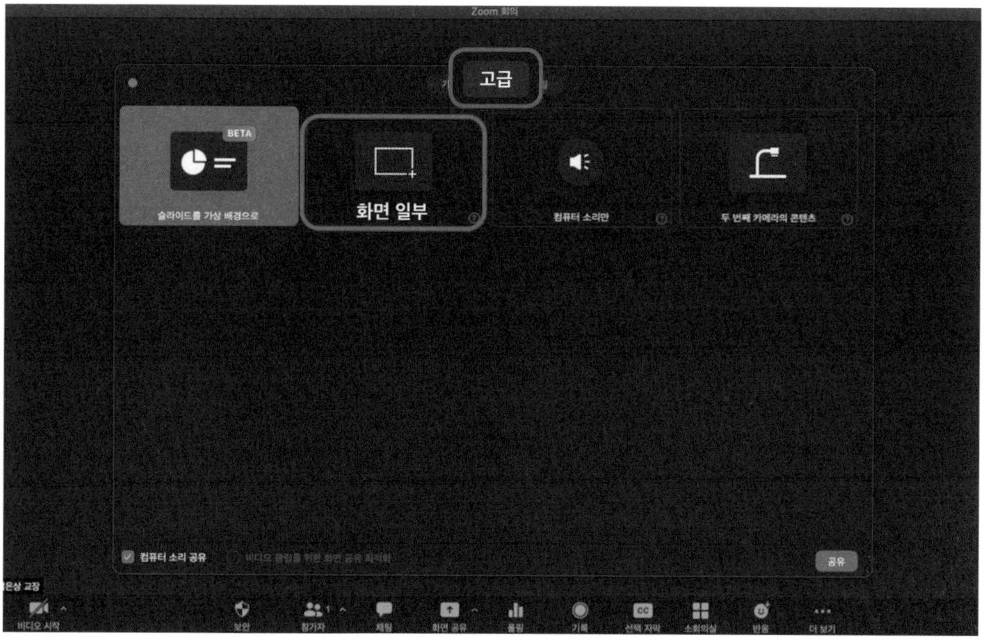

[2-12] 화면 공유 시 고급 기능으로 일부분 공유하기

03

화이트보드 공유하는 법

1) 화이트보드 공유하기

화상으로 강의나 회의를 진행할 때 칠판에 글씨나 그림을 그리면서 설명하고 싶을 때가 있다. "칠판처럼 그림이나 글씨를 쓸 수 있는 기능은 없는 거야?" 이런 유형의 발표자를 위해 화이트보드 기능이 있다.
〈화면 공유〉에서 〈화이트보드〉를 선택한다. 화이트보드는 보충자료 설명이나 수강자들의 생각을 자유롭게 표현할 수 있는 기회를 줄 때 유용하다. 강의실이나 회의실에서 화이트보드에 강의 내용을 필기하듯이 줌에서도 화이트보드를 활용하면 된다.

메뉴에서 〈더 보기〉를 눌러 〈참가자 주석 사용함〉으로 변경하면 모든 참가자가 화이트보드에 텍스트, 그림, 스탬프 등을 사용할 수 있다. 〈지우개〉 기능도 있어서 참가자가 작성한 내용을 지울 수 있다. 〈공유〉 메뉴에는 〈저장〉 기능이 있어서 〈화이트보드〉에 작성한

[2-13] 화이트보드 공유 화면

[2-14] 화이트보드에서 활동하기

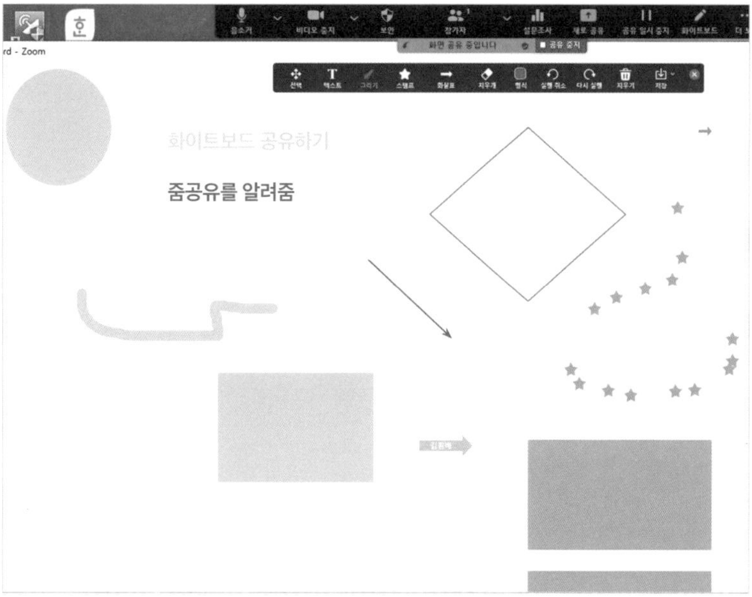

자료나 참가자의 의견을 저장하여 보관할 수 있다. 또한 화이트보드는 강의나 회의 중에 강의 내용을 평가하거나 주제를 정해 토론할 때도 유용하다. 호기심에 장난으로 그리거나 표시할 수 있으므

[2-15] 화이트보드에서 <지우기> 기능

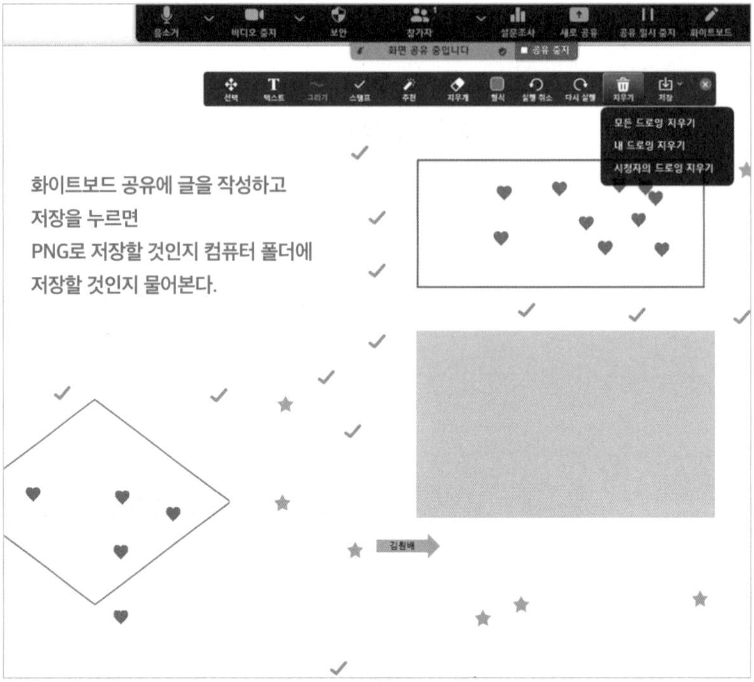

로 사전에 주제 이외의 내용은 화이트보드에 작성하지 못하도록 공지하거나, 줌 홈페이지(zoom.us) 〈설정〉에서 호스트만 주석 작성이 가능하도록 지정할 수 있다.

2) 화이트보드 내용 삭제하기

화이트보드 공유에는 〈지우개〉 기능도 있지만 한꺼번에 지울 수 있는 〈지우기〉 기능도 있다. 〈지우기〉 기능에서는 〈모든 드로잉 지우기〉, 〈내 드로잉 지우기〉, 〈지정자의 드로잉 지우기〉 등 세 가

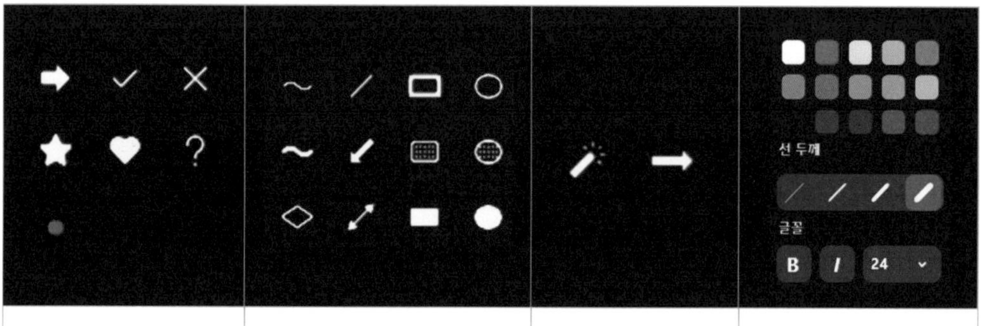

스탬프 기능	그리기 기능	스포라이트 기능	다양한 형식 기능

[2-16] 주석 사용 시 유용한 기능들

지 기능이 있다.

강의나 회의 중에 필요한 기능을 선택해서 지울 수 있다. 〈지우기〉 기능은 여러 참가자가 내용을 많이 작성했을 때 유용하다.

3) 화이트보드에 공유한 내용 저장하기

〈화이트보드〉에 작성된 내용을 저장하려면 〈주석〉 메뉴에서 〈저장〉 기능을 사용한다. 저장은 두 가지 방법으로 할 수 있다. 〈저장〉 기능을 클릭하면 〈다른 이름으로 화이트보드 저장〉이 나타나면서 PNG, PDF 등 두 가지 방식이 뜬다.

PNG로 저장할 경우에는 저장할 폴더를 지정하고 다른 이름으로 파일명을 작성한다. png, jpg, bmp, gif 중에서 저장 형식을 지정한 후 저장하면 된다.

PDF로 저장할 경우에는 〈문서 ⇨ Zoom〉 폴더 안에 pdf파일로

[2-17] 화이트보드 내용 저장하기

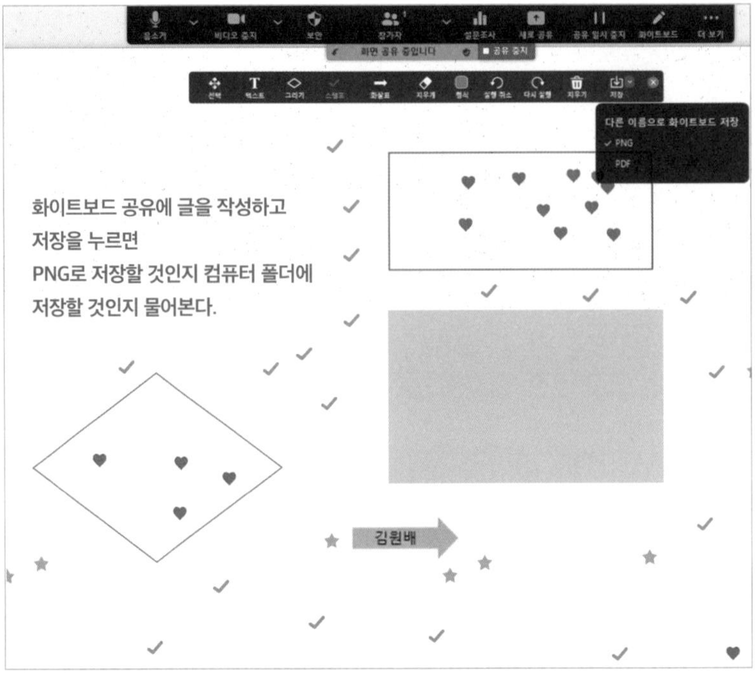

날짜별로 자동 저장된다.

파일 형식을 지정하고 저장할 경우에는 자료 내용에 맞게 파일명을 수정해서 저장해야 차후에 자료를 쉽게 찾을 수 있다.

〈화이트보드〉를 여러 장 공유할 경우에는 메뉴에서 〈화이트보드〉를 클릭하면 새로운 〈화이트보드〉가 나타난다. 이때 주의할 점은 이전에 작성한 화이트보드 내용이 사라지지 않고 남아 있다는 것이다. 새롭게 〈화이트보드〉를 공유할 경우에는 반드시 〈저장〉을 한 후에 새롭게 〈화이트보드〉를 설정해야 자료를 잃어버리지 않는다.

04 동영상 공유 시 끊김 현상 해결 방법 (동영상 공유 시 주의할 것)

동영상 공유에 실패하는 세 가지 이유

화상수업을 할 때, 효과적으로 전달하기 위해 동영상이나 PPT를 공유하는 경우가 많다. 하지만 공유한 동영상이 원활하게 재생되지 않을 때가 종종 있다. 동영상 공유에 실패하는 이유는 크게 세 가지로 볼 수 있다.

① 〈컴퓨터 소리 공유〉와 〈전체화면 비디오 클립으로 최적화〉 옵션을 체크하지 않았을 때
② 무선 인터넷으로 접속했을 때
③ 용량이 큰 동영상을 재생할 때

이 세 가지 경우에 대해 하나씩 살펴보자.

① 〈컴퓨터 소리 공유〉와 〈전체화면 비디오 클립으로 최적화〉 옵션을 체크하지 않았을 때

줌에서 화면을 공유하는 방법은 간단하다. 메뉴에서 〈화면 공유〉를 클릭하면 〈공유하려는 창 또는 앱 선택〉 창이 뜬다.
여기서 세 가지 탭 메뉴 〈기본 ⇨ 고급 ⇨ 파일〉을 선택할 수 있다. 일반적으로 〈기본〉을 선택한다.

기본 **고급** **파일**

〈공유하려는 창 또는 앱 선택〉 창에서 공유할 수 있는 여러 파일을 볼 수 있다. 대상 파일을 선택하고 하단에 있는 〈공유〉 버튼을 클릭하면 공유가 실행된다. 만약 소리가 나는 동영상을 재생한다면, 〈공유〉 버튼을 클릭하기 전에 〈컴퓨터 소리 공유〉와 〈전체화면 비디오 클립으로 최적화〉 옵션을 반드시 체크한다. 반대로 공유가 끝나면, 이 두 가지 옵션을 해제한다. 해제하지 않을 경우, 소리와 영상이 간혹 끊어질 수 있다.

공유를 시작하면, 공유 화면은 굵은 연두색 테두리로 표시된다. 즉, 〈컴퓨터 소리 공유〉와 〈전체화면 비디오 클립으로 최적화〉 옵션만 선택해도 대부분 동영상을 매끄럽게 공유할 수 있다. 동영상

☑ **컴퓨터 소리 공유** ☑ **전체화면 비디오 클립으로 최적화** **공유**

공유가 끝나면, 반드시 〈컴퓨터 소리 공유〉와 〈전체화면 비디오 클립으로 최적화〉 옵션을 해제시킨다. 해제하지 않고 문서 공유를 실행할 때, 문서가 흐릿해지거나 깨질 수 있다.

② 무선 인터넷으로 접속했을 때

가정이나 직장에서 무선 인터넷을 쉽게 이용할 수 있다. 참가자가 적을 때는 상관없지만, 많으면 데이터 전송이 원활하지 않아 속도가 느려지거나 재생이 원활하지 않을 수 있다. 참가자가 많고, 동영상 재생이 잦을 때는 무선 인터넷 환경보다 유선 인터넷으로 접속하는 것이 안전하다.

③ 용량이 큰 동영상을 재생할 때

화상수업에 고화질 동영상을 사용하기 위해 사전 작업을 하는 경우가 종종 있다. 동영상을 유튜브 또는 인터넷에 미리 올리고 난 뒤, 〈채팅〉 창에 링크 주소를 공유하는 방법이다. 이런 방법이 고화질 동영상을 재생하는 데 효과적일 수 있다. 하지만 수업의 참여도를 떨어뜨린다는 단점도 무시할 수 없다.

이럴 때, 유용하게 쓸 수 있는 설정 방법이 있다. 〈설정 ⇨ 화면 공유 ⇨ 고급〉 메뉴로 들어가 〈내 화면 공유를 다음으로 제한 □초당 프레임〉에서 옵션을 15초로 설정하는 것이다. 실제 재생되는 동영상 프레임은 24~30프레임 혹은 그 이상이지만, 프레임을 강제로 조정하면 동영상 끊김이 줄어든다.

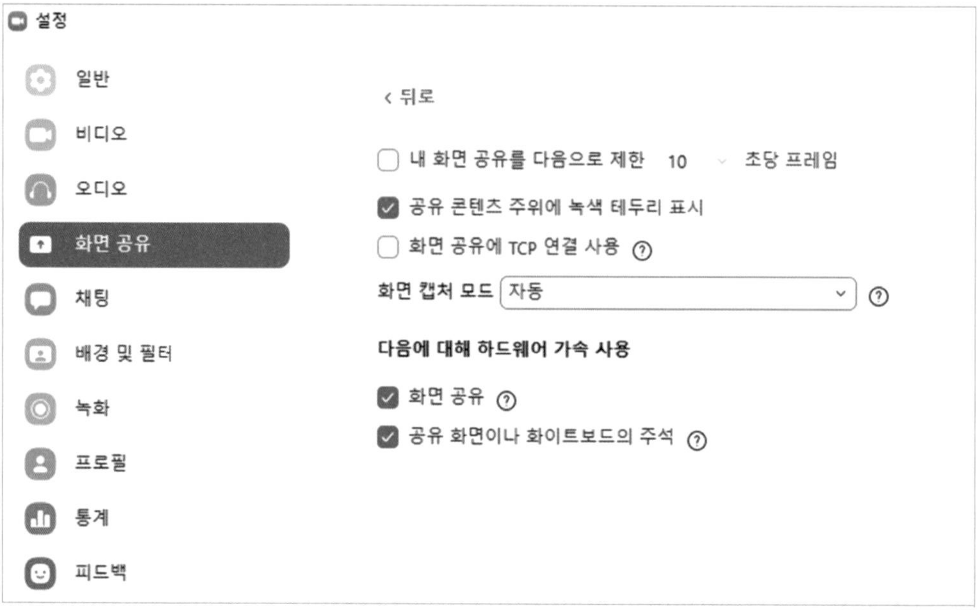

[2-18] 화면 공유 시 프레임 값 설정하기

일반적으로 가정에서 인터넷 끊김 현상이 자주 발생한다. 가정의 인터넷 공유기는 주로 거실에 있기 때문에 방의 무선 인터넷 강도는 거실보다 많이 떨어진다. 두꺼운 벽체나 꺾인 지점에서 인터넷 신호 손실이 일어나기 때문이다.

일반적으로 동영상은 24~30프레임, 현장감이 살아 있는 고화질 영상이나 게임 등은 60프레임 정도다. 15프레임 동영상도 실제로 보면, 그렇게 나쁘지 않다.

효과적인 화상수업을 위해 동영상 재생은 필수다. 하지만 동영상을 공유하면서 거친 잡음이 발생하거나 소리가 들리지 않는 경우를 자주 보았고, 동영상이 끊겨 오히려 역효과를 내는 사례도 종종 있었다. 동영상을 공유할 때 앞에서 말한 세 가지 사항만 꼭 기억한다면, 줌을 통해 효과적으로 수업을 진행할 수 있다.

05 화상회의 내용 저장하기

1) 강연과 수업 내용 저장하기

줌 녹화는 여러모로 활용도가 높다. 회의나 수업 내용을 따로 녹화할 필요 없이 녹화 버튼 클릭만으로 저장할 수 있고 중요한 회의에 참가하지 못한 사람에게 나중에 공유해서 보게 할 수도 있다.
녹화하기 위해 줌 화면 아래쪽 가운데 〈기록〉 버튼을 누르면 녹화가 시작된다. 무료 계정에서도 녹화가 가능한데 컴퓨터에 저장되며, 유료 계정이면 컴퓨터에 저장할지 줌이 제공하는 클라우드에 저장할지 선택할 수 있다. 하지만 현재 줌 클라우드는 겨우 1GB를 제공하기 때문에 컴퓨터에 저장한 후 나중에 지우는 것이 안전하다.
〈기록〉을 누르면 저장 중이라고 왼쪽 상단에 표시되는데 중간 휴식시간에는 기록을 일시 중지할 수도 있다. 유료 계정에서 공동 호스트를 지정하면 공동 호스트도 각각 자신의 컴퓨터에 녹화할 수 있다.
호스트가 회의를 끝내면 그때부터 기록한 내용이 자동으로 MP4

[2-19] 저장 옵션

[2-20] 일시 정지하기

[2-21] 녹화 완료 후 컨버팅하기

파일로 변환된다. 이때 컴퓨터 전원을 끄거나 변환을 중지하면 녹화한 내용이 저장되지 않으므로 주의해야 한다.
저장한 내용은 컴퓨터의 〈문서〉 폴더에서 찾을 수 있는데, 날짜별로 시간대별로 〈Zoom〉이라는 폴더에 자동으로 저장된다.

2) 채팅 저장하기

줌 화상회의에서 채팅한 내용은 자동 저장된다. 이를 위해서는 먼저 줌 홈페이지 〈설정〉으로 들어가 〈회의 중(기본)〉에서 〈채팅 자동 저장〉을 선택하면 된다. 저장된 회의 동영상은 줌을 종료하면 컴퓨터의 〈Zoom〉 폴더에 날짜별로 저장된다.

[2-22] 홈페이지에서 〈채팅 저장〉을 설정할 수 있다.

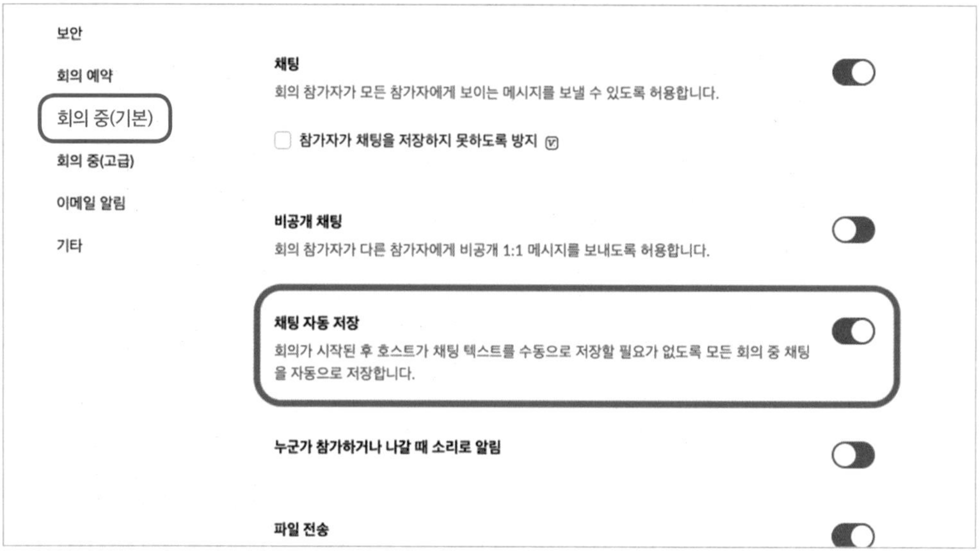
보안
회의 예약
회의 중(기본)
회의 중(고급)
이메일 알림
기타
채팅
회의 참가자가 모든 참가자에게 보이는 메시지를 보낼 수 있도록 허용합니다.
참가자가 채팅을 저장하지 못하도록 방지
비공개 채팅
회의 참가자가 다른 참가자에게 비공개 1:1 메시지를 보내도록 허용합니다.
채팅 자동 저장
회의가 시작된 후 호스트가 채팅 텍스트를 수동으로 저장할 필요가 없도록 모든 회의 중 채팅을 자동으로 저장합니다.
누군가 참가하거나 나갈 때 소리로 알림
파일 전송

3) 동영상 파일 만드는 방법

"강의하면서 〈기록〉을 눌렀는데 집에 와서 보니 저장이 안 되어 있어요. 어찌 된 일이죠?"
"기록은 했는데 저장된 동영상을 어디에서 찾아요?"
"기록하면서 회의하고 바로 컴퓨터를 종료해도 되나요?"

동영상 파일 혹은 강의나 회의 내용을 기록으로 남기기 위해 〈기록〉을 클릭했지만 동영상 파일을 찾을 수 없을 때도 있고, 전혀 기록이 안 됐다고 하소연할 때도 있다. 동영상 파일이 만들어지는 데는 조금 시간이 걸린다. 강의가 끝나고 나서 동영상 파일이 만들어질 때까지 기다림이 필요하다.

[2-23] 기록하기

기록이 끝나면 채팅 내용, 오디오, 동영상 파일이 컴퓨터 〈문서 ⇨ Zoom ⇨ 날짜별 폴더〉에 zoom_0.mp4 파일로 저장된다. 강의 자료나 회의주제에 맞게 파일명을 변경하면 된다. 동영상을 편집할 때는 동영상 편집 프로그램을 활용하면 깔끔하게 만들 수 있다.

필자가 모 중학교에서 줌 강연을 했을 때 벌어진 일이다. 강연 도중 질문을 받기 위해 열어둔 채팅창에서 학생들 사이에 강연 내용과 상관없는 대화가 오고 갔다. 급기야 감정이 격해진 학생들이 따돌림이나 언어폭력 수준의 대화를 하는 일이 생겼다. 강연에 집중하느라 필자는 신경을 쓰지 못했는데 나중에 학교 측에서 문제가 발생했으니 시시비비를 가리기 위해 녹화영상을 보내 달라고

[2-24] 화면 종료 시 기록 파일 목록

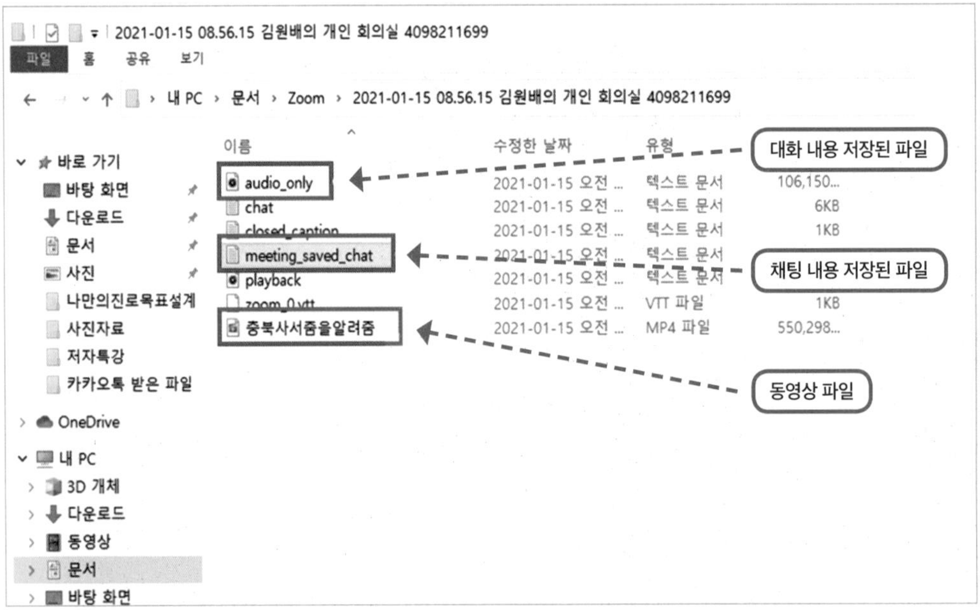

했다. 다행히 강연 시작과 동시에 녹화를 했기에 채팅창에서 문제를 일으킨 학생을 훈육하는데 도움을 줄 수 있었다.

줌 회의는 절대 개인적인 소통의 창이 아니다. 사회적 소통의 도구이며 책임과 의무가 따른다. 그렇기에 언제든 문제가 발생할 경우 민 · 형사상의 책임을 위한 증거 자료가 될 수도 있다. 녹화는 필수이고, 채팅 역시도 주의해야 한다.

강의나 회의가 종료되면 지정된 폴더에 영상 파일, 채팅기록 파일, 음성기록 파일로 각각 저장된다. 강의나 회의가 종료된 후, 다시 자료가 필요할 경우 쉽게 자료를 찾아볼 수 있다.

동영상 만드는 팁

▶ 외부 강의를 동영상으로 만들기 위해 <기록>을 눌렀는데, 강의가 종료된 후 바로 자리를 이동해야 할 경우 어떻게 해야 하는가?

↳ 노트북을 종료하지 않고 그대로 커버를 닫는다.

↳ 집이나 직장 등 와이파이가 되는 곳에서 다시 노트북을 켜면 기록이 이어서 진행된다.

▶ 기록 중 노트북이 종료되었을 때 동영상 파일이 삭제되는가?

double_click_to_convert_01	2020-11-02 오후 ...	Zoom Recordin...	1,367,28...
double_click_to_convert_02	2020-11-02 오후 ...	Zoom Recordin...	613KB

갑자기 동료되었을 경우 <Zoom>폴더를 열어보면 위와 같은 파일이 존재한다. 이 파일을 클릭하면 다시 기록이 진행된다. 단, 와이파이와 인터넷이 되는 공간이어야 한다.

4) 줌 강의 영상을 단체 톡방이나 밴드에 올리는 방법

줌에서 녹화한 내용을 동영상 편집기를 이용해서 편집한 후 단체 톡방이나 밴드에 올릴 수 있다. 이때 가급적 동영상을 그대로 올리기보다 유튜브에 업로드한 후 올리는 것이 좋다. 유튜브에 동영상을 업로드할 때 줌에서 녹화한 내용을 공개해서는 안 될 때는 일부 공개 옵션을 이용해 업로드한 후 링크 주소를 통해 특정인에게만 공유한다.

줌 유격대가 매주 일요일 저녁 8시에 진행하는 '낯선 사람 만나기'와 격주로 여는 '글로벌 장애인 포럼 줌 미팅' 때 매번 미팅 내용을 모두 녹화해서 비공개 밴드를 통해 공유하고 있다. 혹시 제시간에 참가하지 못했더라도 나중에 밴드에서 동영상을 다시 볼 수 있다. 유튜브에 업로드할 때 일부 공개 모드로 전환해야 한다.

줌에서 녹화할 때 참가자 모두는 주변에 녹화 사실을 알려야 한다. 얼마 전 줌 미팅을 한창 하는데 참가자 한 분의 부인이 남편이 무엇을 하는지 알지 못해 잠옷 바람으로 지나가는 바람에 나중에 녹화한 내용 중 그 부분을 찾아서 부분 편집을 해야 한 적이 있었다.

동영상 편집기는 다양하다. 전문가라면 컴퓨터에서 동영상을 편집할 수 있지만, 편집이 서툴다면 키네마스터(Kinemaster)를 사용할 것을 권한다. 키네마스터는 스마트폰은 물론 윈도우 PC 버전도 있다. 다만 애플에서 나온 맥북이나 맥에어에는 아직 키네마스터가 제공되지 않는다.

컴퓨터에 저장된 동영상을 스마트폰으로 옮기거나 반대로 스마트폰에서 컴퓨터로 옮길 때는 네이버 클라우드, 구글 드라이브 또는 드롭박스 등 다양한 클라우드 서비스를 이용하면 좋다.

CHAPTER 03

효율적 화상회의를 위한 고급 기술

01 호스트와 공동 호스트

1) 공동 호스트 지정하는 방법

무료 계정에서는 공동 호스트를 지정할 수 없다. 유료 계정에서만 공동 호스트를 지정할 수 있는데, 종종 유료 계정으로 업그레이드를 했음에도 공동 호스트 지정이 안 된다고 문의가 온다. 그건 줌 홈페이지(zoom.us)에서 공동 호스트를 사용하겠다고 설정하지 않았기 때문이다. 이런 기능이 몇 가지 있는데 소회의실 사용도 그 중 하나다.

줌 홈페이지에서 공동 호스트를 설정하려면 먼저 〈설정〉을 찾아 회의(기본)로 가면 공동 호스트 버튼이 꺼져 있다. 이것을 켜야 〈새 회의〉를 열었을 때 공동 호스트를 지정할 수 있다.

유료 계정에서 공동 호스트를 지정하면 호스트를 도와줄 몇 가지 중요한 역할을 할 수 있다. 예를 들면 대기실을 사용할 때 참가자가 들어오면 수락해야 하는데 호스트가 회의를 진행 중이거나 화면을 공유 중이라면 공동 호스트가 이를 대신해서 도와줄 수 있

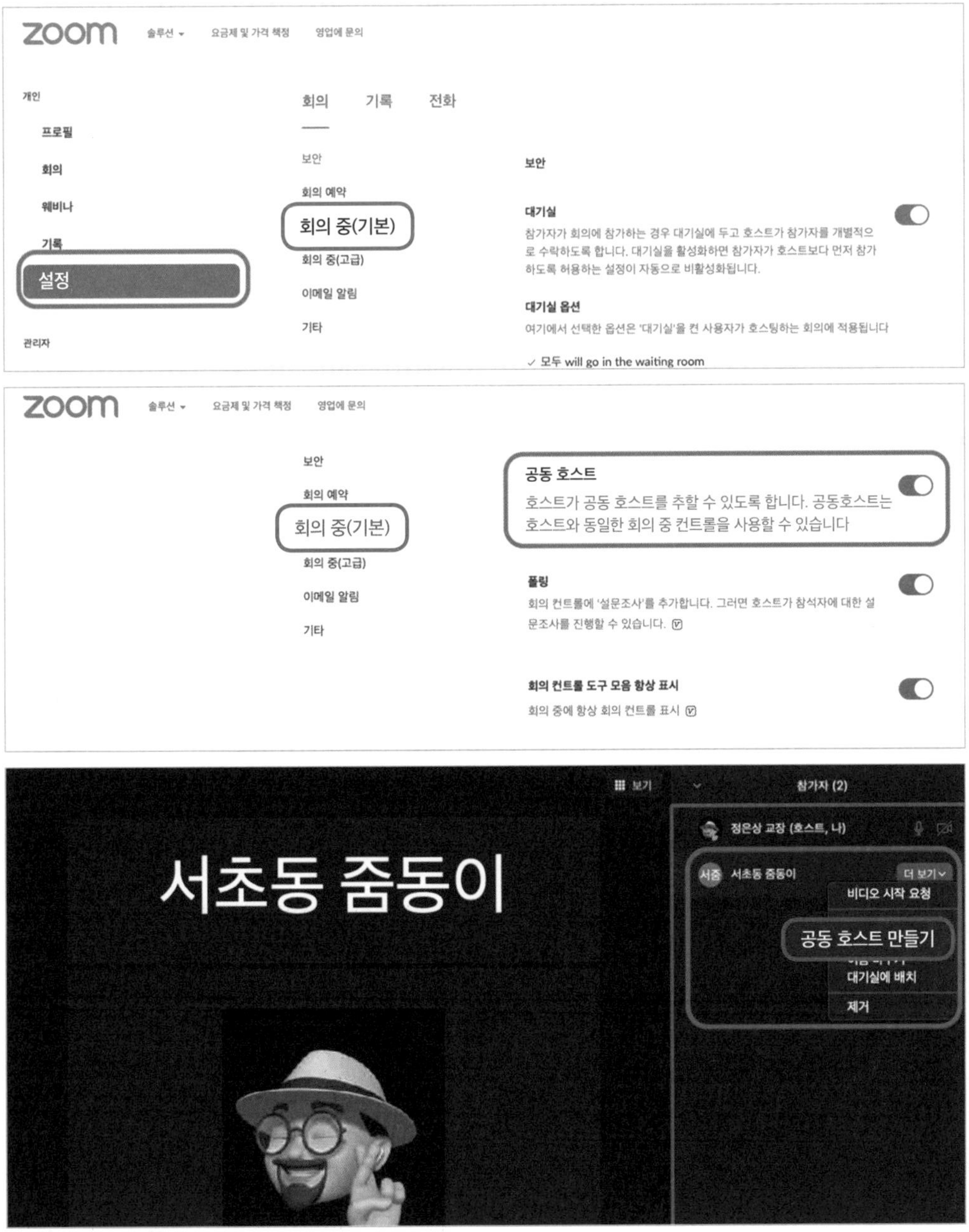
zoom
솔루션
요금제 및 가격 책정
영업에 문의
개인
프로필
회의
웨비나
기록
설정
관리자
회의
기록
전화
보안
회의 예약
회의 중(기본)
회의 중(고급)
이메일 알림
기타
보안
대기실
참가자가 회의에 참가하는 경우 대기실에 두고 호스트가 참가자를 개별적으로 수락하도록 합니다. 대기실을 활성화하면 참가자가 호스트보다 먼저 참가하도록 허용하는 설정이 자동으로 비활성화됩니다.
대기실 옵션
여기에서 선택한 옵션은 '대기실'을 켠 사용자가 호스팅하는 회의에 적용됩니다
모두 will go in the waiting room
공동 호스트
호스트가 공동 호스트를 추할 수 있도록 합니다. 공동호스트는 호스트와 동일한 회의 중 컨트롤을 사용할 수 있습니다
폴링
회의 컨트롤에 '설문조사'를 추가합니다. 그러면 호스트가 참석자에 대한 설문조사를 진행할 수 있습니다.
회의 컨트롤 도구 모음 항상 표시
회의 중에 항상 회의 컨트롤 표시
보기
참가자 (2)
정은상 교장 (호스트, 나)
서초동 줌동이
더 보기
비디오 시작 요청
공동 호스트 만들기
대기실에 배치
제거
서초동 줌동이

[3-1] 공통 호스트 만들기

다. 채팅방에 올라오는 글을 확인하면서 회의를 매끄럽게 진행할 수 있도록 돕는다. 참가자에게 화면 공유를 허용하지 않을 때도 공동 호스트는 화면을 공유할 수 있다.

2) 참가자에게 권한 부여하기

무료 계정은 회의 제한시간이 40분이다. 하지만 호스트를 참가자에게 넘겨줄 수 있다. 호스트를 넘겨받아야 다양한 기능을 활용할 수 있다. 갤러리 보기 모드에서 참가자의 우측 상단에 있는 〈…〉 클릭해서 호스트를 변경하거나 참가자 리스트에서 〈더 보기〉를 눌러 호스트를 변경할 수 있다.

회의 시간에 제한이 없는 유료 계정은 무료 계정처럼 호스트를 넘겨줄 수도 있고 공동 호스트를 지정해서 참가자가 호스트의 다양한 권한을 동시에 사용할 수도 있다. 무료 계정처럼 갤러리 모드

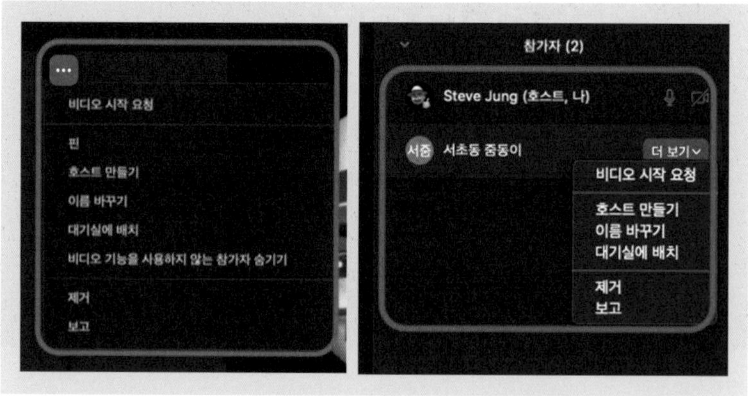

[3-2] 무료 계정에서 호스트 권한 넘기기

의 참가자 리스트에서 지정할 수도 있다. 공동 호스트를 지정하는 이유는 뒤에 따로 정리해 두었다.

무료 및 유료 계정 모두 동일하게 줌 홈페이지(zoom.us) 〈설정〉에서

[3-3] 유료 계정에서 공동 호스트 만들어 권한 넘기기

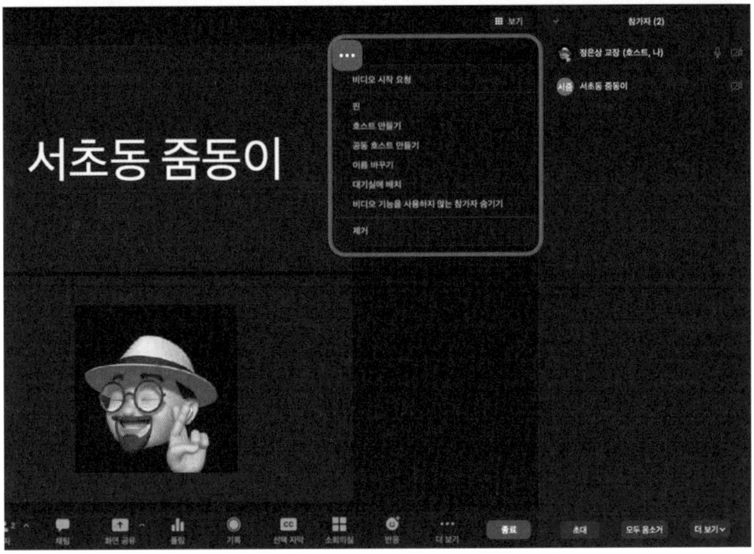

〈화면 공유〉를 호스트만 할 것인지 아니면 모든 참가자에게 권한을 줄 것인지 선택할 수 있다.

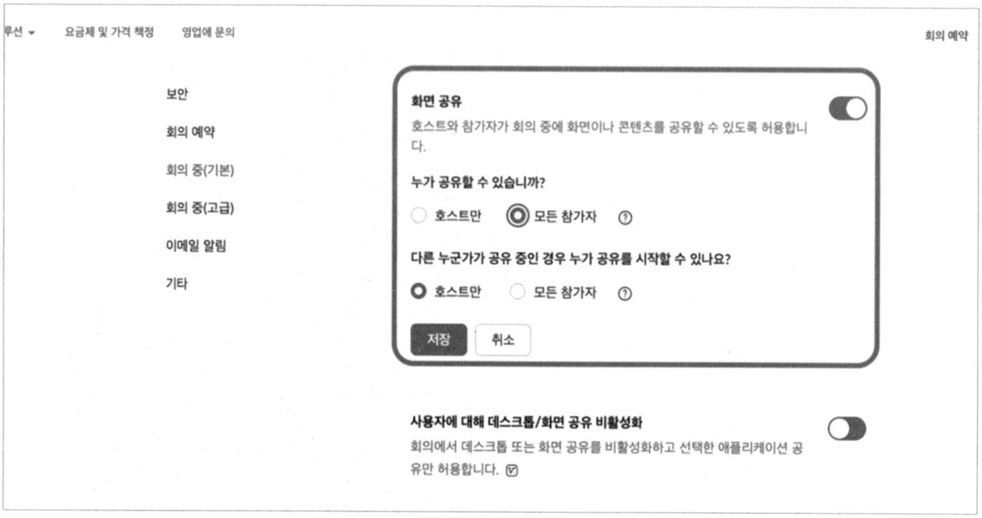

[3-4] 줌 홈페이지(zoom.us) 〈설정〉에서 〈화면 공유〉 지정하기

3) 공동 호스트를 지정하는 방법

매주 월요일 H가 운영하는 온라인 회의에 참가한다. 소회의실 실습을 하고 싶다며 필자에게 공동 호스트를 지정해줬다. 그러나 소회의실 운영은 호스트만 진행할 수 있기 때문에 필자는 소회의실 운영에 관한 설명만 하고 실제적으로 소회의실 운영은 H가 했다. H처럼 강의나 회의를 진행하다 보면 호스트 혼자서 할 수도 있지만 때로는 누군가의 도움이 필요하다. 강의하면서 채팅도 하고 참가자 수락도 해줘야 하고 주석도 달아주는 등 많은 일을 혼자 하

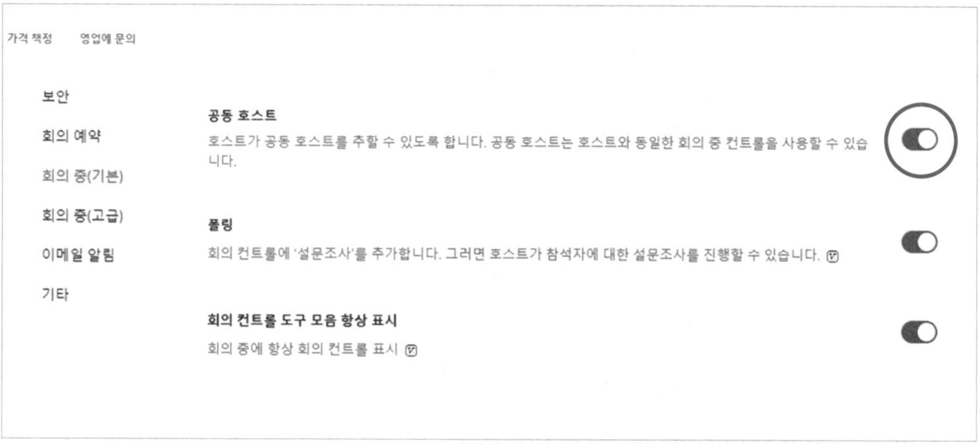
가격 책정
영업에 문의
보안
회의 예약
회의 중(기본)
회의 중(고급)
이메일 알림
기타
공동 호스트
호스트가 공동 호스트를 추할 수 있도록 합니다. 공동 호스트는 호스트와 동일한 회의 중 컨트롤을 사용할 수 있습니다.
폴링
회의 컨트롤에 '설문조사'를 추가합니다. 그러면 호스트가 참석자에 대한 설문조사를 진행할 수 있습니다.
회의 컨트롤 도구 모음 항상 표시
회의 중에 항상 회의 컨트롤 표시

[3-5] 공동 호스트 지정 하기1

기 힘들므로 공동 호스트를 지정하여 강의나 회의 진행에 도움을 받는다.

호스트가 되어 회의를 진행하거나 강의를 할 경우 다른 사람들이 문서나 동영상을 공유하면서 발표할 수 있는 권한을 주려면 공동 호스트나 호스트 권한을 지정해줘야 한다. 공동 호스트 권한을 줄 수 있는 호스트는 유료 계정일 때 가능하다. 무료 계정은 호스트 권한을 넘겨줘야 한다.

줌 홈페이지에 접속하여 로그인한다. 〈설정〉에서 〈회의 중(기본)〉을 클릭해서 〈공동 호스트〉를 활성화시킨다. 무료 계정일 때는 〈공동 호스트〉가 보이지 않는다. 〈공동 호스트〉 기능은 유료 계정일 때만 가능하다. 홈페이지 〈설정〉에서 먼저 지정해줘야 한다.

줌 홈페이지에서 〈공동 호스트〉를 활성화시키면 위 화면처럼 〈공동 호스트 만들기〉 메뉴가 나타난다. 회의 참가자의 이름 옆에 〈더보기〉를 클릭하고 〈공동 호스트 만들기〉를 클릭한다. 공동 호스트

[3-6] 공동 호스트 지정 하기 2

로 지정하면 '홍길동(공동 호스트)'과 같이 참가자 이름 옆에 공동 호스트라는 표시가 나타난다.

〈공동 호스트 만들기〉를 클릭하면 '이 회의의 공동 호스트로 하시겠습니까?'라는 메시지가 화면에 뜬다. '예'를 누르면 해당 참가자가 공동 호스트가 된다. 회의 시작 전에 미리 지정해놓는 것이 좋

[3-7] 공동 호스트 지정 하기 3

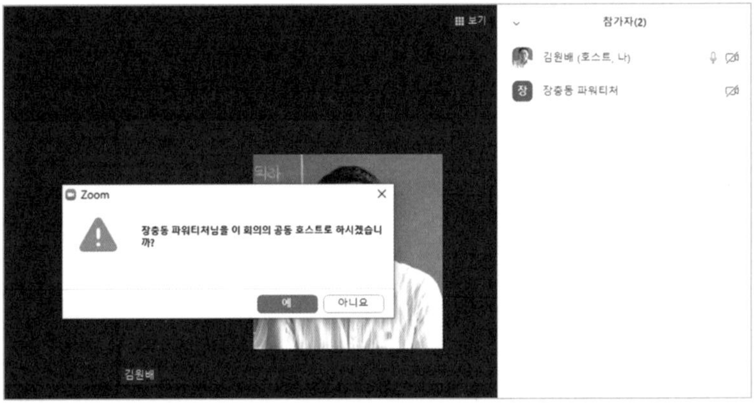

다. 참가자 인원이 많은 경우 공동 호스트 지정할 대상을 찾기가 어려울 수 있기 때문이다. 공동 호스트로서 역할이 끝나면 권한을 회수할 수 있다. 권한을 회수하는 방법은 참가자 명단에서 공동 호스트로 지정된 참가자 〈더 보기〉에서 〈공동 호스트 권한 회수〉를 클릭하면 지정했던 권한이 회수된다.

공동 호스트의 역할

▶ 대기실에 있는 참가자를 본 회의장으로 입장하도록 수락해줄 수 있다.
▶ <기록>할 수 있다.
▶ 자료를 <공유>할 수 있다.
▶ 호스트가 방송사고로 자리를 벗어났을 경우 호스트 권한을 넘겨받아 회의를 진행할 수 있다.

4) 권한을 넘겨주는 기능

강의 중에는 호스트만 파일이나 콘텐츠를 공유할 수 있게 지정해 둬야 한다. 그렇지 않고 모든 참가자가 공유할 수 있으면 자료를 공유해 설명하고 있는데 갑자기 중단되면서 누군가의 엉뚱한 자료가 공유될 수 있기 때문이다.

온라인 강의 중에 실습하면서 수강자들이 차례대로 공유하는 연습을 한 적이 있다. 모두 공동 호스트와 공유할 수 있는 권한을 줬다. 한 수강자가 자료를 공유하고 한참을 설명하는데 느닷없이 다른 수강자가 자신의 노트북 자료를 공유해서 먼저 공유했던 수강자의 설명이 끊긴 적이 있다. 이런 사태를 방지하기 위해 공유를 시작할 수 있는 권한은 호스트만 가지고 있는 것이 좋다.

그러나 화상강의 중에 참가자가 화면이나 콘텐츠를 공유하고 싶을 때는 어떻게 해야 할까? 강의나 회의 참가자들이 자료를 공유해 발표할 때와 같이 특별한 경우에는 모든 참가자가 공유할 수 있게 지정해둔다. 이때 줌 홈페이지에 로그인한 후 〈설정〉에서

[3-8] 홈페이지 설정에서 권한 부여 방법

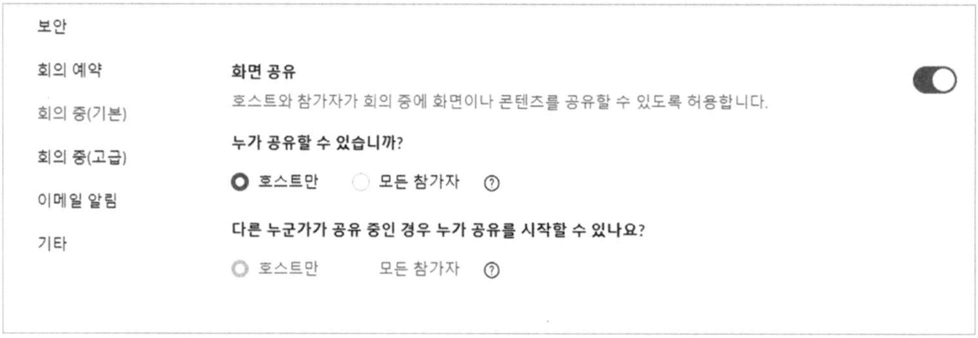
보안
회의 예약
회의 중(기본)
회의 중(고급)
이메일 알림
기타
화면 공유
호스트와 참가자가 회의 중에 화면이나 콘텐츠를 공유할 수 있도록 허용합니다.
누가 공유할 수 있습니까?
호스트만
모든 참가자
다른 누군가가 공유 중인 경우 누가 공유를 시작할 수 있나요?
호스트만
모든 참가자

[3-9] 참가자 목록에서 권한 부여 방법 1

〈화면 공유〉를 활성화시킨다. 화면 공유를 활성화하면 호스트와 참가자가 회의 중에 화면이나 콘텐츠를 공유할 수 있다. 호스트만 화면 공유를 할 것인지, 모든 참가자가 화면 공유를 할 것인지에 체크하면 된다.

줌 회의 중에 발표자를 지정해줄 수 있다. 〈참가자〉 이름에 마우스를 갖다 대면 〈더 보기〉 기능을 볼 수 있다. 여기서 〈호스트 만들기〉와 〈공동 호스트 만들기〉 중에 선택해서 권한을 주면 참가자가 자료를 공유하여 발표할 수 있다.

호스트가 줌을 무료로 사용할 때는 〈호스트 만들기〉만 활성화되어 있다. 이럴 경우에는 발표자에게 호스트를 넘겨줬다가 발표가 끝나면 다시 호스트를 넘겨받는다.

유료 계정일 때는 〈공동 호스트 만들기〉를 지정해주면 된다. 강의

[3-10] 참가자 목록에서 권한 부여 방법 2

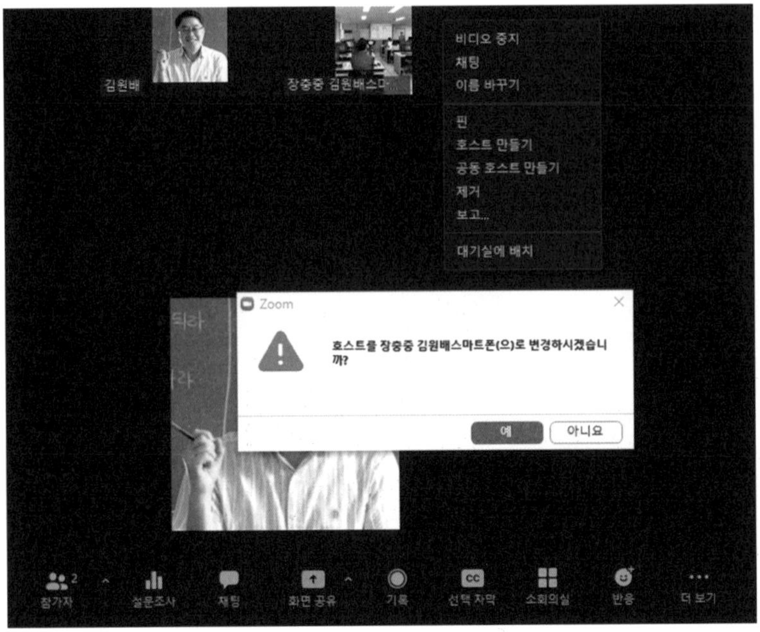

나 회의 중에 서너 명이 발표할 때 유용하다. 줌 홈페이지의 〈설정〉에서 〈공동 호스트〉를 활성화해야 회의창에서 〈공동 호스트 만들기〉 메뉴가 보인다.

참가자 카메라의 상단 오른쪽에 있는 〈…〉을 클릭하면 참가자에게 권한을 부여할 수 있는 기능이 나타난다. 〈핀〉, 〈호스트 만들기〉, 〈공동 호스트 만들기〉 등 해당 기능을 부여해준 다음 나중에 회수하면 된다.

참가자에게 호스트 권한을 넘겨주기 위해서 〈호스트 만들기〉를 클릭하면, '호스트를 ○○○로 변경하시겠습니까?'라는 메시지가 화면에 나타난다. '예' 또는 '아니오'를 클릭하면 된다. 호스트 권한을 넘겨받은 참가자가 다시 원래 호스트에게 권한을 넘겨주려면 똑같은 방식으로 〈호스트 만들기〉를 클릭하여 호스트를 변경하면 된다.

〈공동 호스트 만들기〉에서도 방법은 같다. 참가자를 누르고 〈더 보기〉에서 〈공동 호스트 만들기〉를 클릭하고, '이 회의의 공동 호스트로 하시겠습니까?'라는 메시지에 '예'를 클릭하면 된다. 참가자의 〈더 보기〉 기능에서 〈공동 호스트 권한 회수〉를 클릭하면 공동 호스트 지정이 해제된다.

02 화면 관리

1) 갤러리 순서 바꾸기, 추천하기 그리고 핀하기

줌 화면 우측 상단에는 발표자 보기와 갤러리 보기가 있다. 갤러리 보기에서 마우스를 클릭하면 참가자 위치를 임의로 바꿀 수 있다. 호스트나 공동 호스트는 특정 참가자를 모두에게 추천할 수 있는데 우측 상단에 있는 <…>을 클릭해서 <모두에게 추천>을 선택하

[3-11] 화면을 모두에게 추천하거나 나만 핀해서 보기

면 된다. 한번에 여러명을 추천할 수도 있다. 발언이 끝나면 추천을 취소한다.

핀은 참가자 각자가 특정 참가자를 크게 보기 위해 사용한다. 물론 핀도 여러 명을 동시에 지정할 수 있다.

2) 갤러리 보기 화면당 25명 또는 49명

회의 규모가 작으면 상관없지만 대규모 인원이 참가할 때는 동시에 많은 사람의 얼굴을 볼 수 있어야 한다.

[3-12] 컴퓨터 사양에 따라 한 화면에 25명 또는 49명 보기 지정

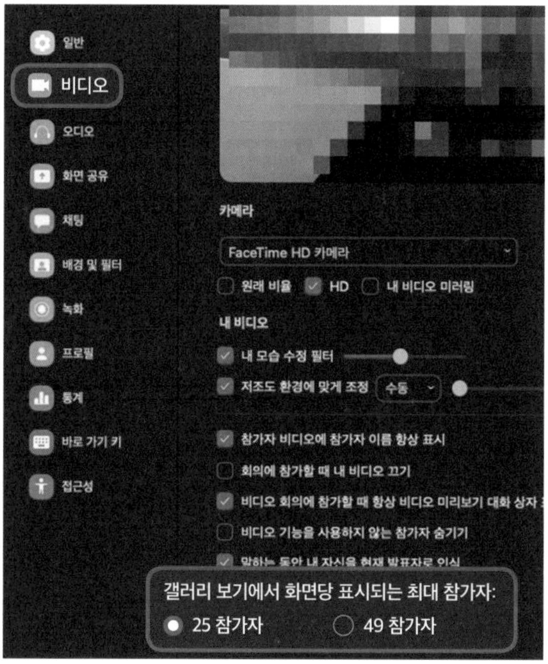

노트북이나 데스크톱의 성능에 따라 하나의 화면에 동시에 25명이나 49명을 볼 수 있다. 〈비디오〉 설정에 들어가 갤러리 보기에서 화면상 표시되는 참가자 수를 25명 또는 49명으로 클릭한다. 컴퓨터 CPU 성능에 따라 정해지므로 사양이 낮으면 49명 클릭이 비활성화될 수도 있다.

03 모니터링

줌 회의를 하면서 특히 화면 공유를 할 때 호스트나 공동 호스트가 공유한 내용이 제대로 참가자 모두에게 제대로 공유가 되는지 모니터링이 필요하다.

스마트폰이나 갤럭시탭 또는 아이패드에 줌 앱을 설치하고 참가자로 입장해서 노트북 옆에 두고 공유 여부를 확인할 수 있다. 이때 주의할 점은 로그인을 하지 말고 단순 회의 참가자로 입장해야 한다는 것이다. 왜냐하면 동일한 ID로 둘 다 로그인하면 충돌이 발생할 수 있기 때문이다. 그리고 입장할 때 이름을 '○○○ 모니터'라고 해서 구분하고 하울링(스피커에서 '삐' 하는 소리를 내는 현상)을 해결하기 위해 참가 옵션에서 오디오에 연결하지 않고 비디오를 끄는 것이 좋다.

이때 모니터링용으로 평소 쓰지 않는 와이파이 전용 스마트폰을 사용할 것을 권장한다. 현재 사용 중인 스마트폰으로 모니터링할 경우 전화가 오거나 카톡 또는 문자가 오면 방해가 되기 때문이다.

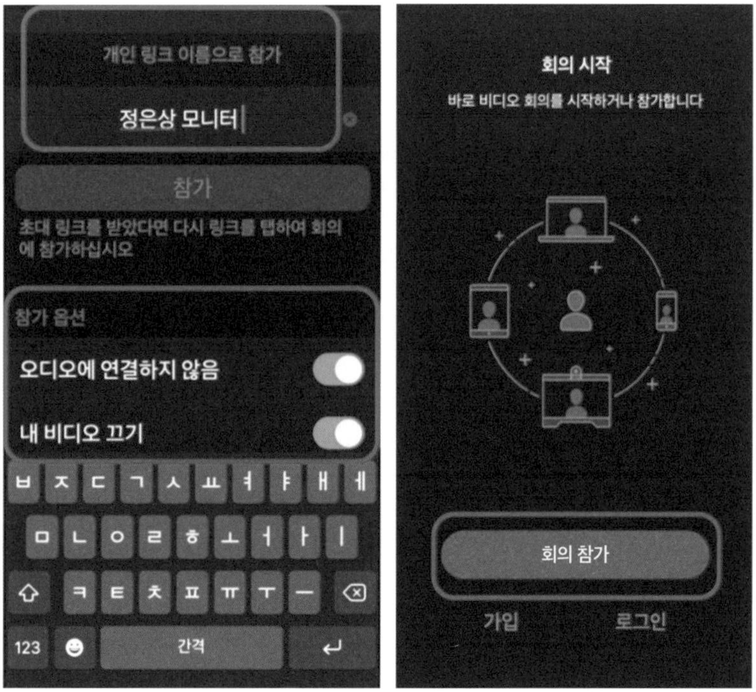

[3-13] 모니터링을 위해 스마트폰이나 탭을 사용할 때 오디오와 비디오를 꺼야 하울링이 생기지 않는다.

04 소회의실 운영하는 법

1) 참가자 이름을 꼭 바꿔야 하나?

블로그, 페이스북 같은 SNS를 자주 사용하다 보면, 자신의 이름보다 별명 같은 닉네임이 더 편할 수 있다. 하지만 줌으로 수업할 때는 닉네임보다 자신의 이름을 사용하는 것이 더 좋다. 특히 그룹 단위로 수업을 해야 한다면 반드시 참가자 이름을 바꿀 필요가 있다. 참가자 이름을 변경하면 좋은 이유는 아래와 같다.

① 출석 체크가 편함

② 수동으로 소회의실을 개설할 때, 대상자 선별이 빠름

이 두 가지 이유를 중심으로 참가자 이름을 변경해야 할 필요성에 대해 알아보자.

① 출석 체크가 편함

참가자 이름을 실명으로 바꾸면 출석 확인이 쉽고 빠르다. 참가 인원은 많은데, 실명을 모른다면 출석을 확인하는 데 꽤 오래 걸린다. 특히 여러 단체 또는 학과가 참여하는 다수의 수업이라면 참가자 이름 변경이 꼭 필요하다.

예) 경제학과 정가온, 국문학과 정유진……/1조 정종영, 2조 고정욱, 3조 김원배……

PC에서 참가자 이름을 변경하는 방법은 〈참가자〉 메뉴를 선택한다.

[3-14] 줌 화면에서 참가자 체크하기

참가자 화면 창이 팝업으로 뜨면, 〈더 보기〉를 선택해서 이름을 변경한다. 호스트가 참가자 이름을 강제로 바꿀 수 있지만, 참가자가 직접 이름을 바꾸도록 안내하는 것이 수업의 효율성을 위해 더 좋다.

[3-15] 〈더 보기〉에서 이름 바꾸기

② 수동으로 소회의실을 개설할 때, 대상자 선별이 빠름

소회의실 기능을 활용하여 모둠 수업을 할 수 있다. 소회의실 할당은 자동과 수동 모두 가능하지만, 실제 수업에서 수동 할당을 더 선호한다. 수동 할당을 선택하여 모둠을 만들 때, 참가자가 많으면 대상자를 고르기가 쉽지 않다. 만약 과별, 조별로 이름을 미리 바꿔놓으면, 소회의실 대상자 선별이 수월해진다.

예) 경제학과 정가온, 국문학과 정유진……/1조 정종영, 2조 고정욱, 3조 김원배……

이런 식으로 이름을 변경해두면, 100여 명 정도라도 1~2분 안에 소회의실 수동 할당을 끝낼 수 있다. 소회의실에 관한 자세한 설명은 소회의실 만들기를 참조하자.
참가자 이름 바꾸기는 아주 단순한 기능이다. 하지만 이것을 잘 활용하면 쉽게 출석을 체크할 수 있고, 소회의실을 개설할 때 다수의 사용자를 빠르게 나눌 수 있는 장점이 있다.

2) 모둠 수업을 할 때 소회의실 운영하기

"줌 화상회의에서도 모둠 활동이 가능하다는데요. 어떻게 해야 하나요?"
"줌 화상회의에서 소회의실을 운영해봤는데 다른 회의실에서 얘

[3-16] <설정>에서 소회의실 활성화하기

기하는 소리가 다 들리고 주변이 시끄러워요."

줌 강의나 화상회의에서도 모둠 활동이 가능하다. 이 기능을 제대로 익힌다면 오프라인 교실 수업에서 진행하는 모둠 활동의 효과를 볼 수 있다.

소회의실 기능을 활용하여 고등학교 유형별 특징을 탐색해 발표하는 모둠 활동을 했다. 학생 20명을 4명씩 5모둠으로 나누고 1모둠은 일반고, 2모둠은 특성화고, 3모둠은 특목고, 4모둠은 자율고, 5모둠은 기타 학교에 관한 정보를 인터넷에서 탐색해 정리해서 발표하는 활동이다. 모둠별로 소회의실을 주관할 소회의실 운영 모둠장, 기록할 학생, 발표할 학생을 학생들이 스스로 회의를 통해서 정하게 했다. 소회의실에서 하는 모둠별 활동에 20분을 주고, 모두에게 소회의실을 열어줬다.

필자는 모둠별로 진행되는 소회의실에 가끔 입장하여 학생들이 잘하고 있는지 살피고 어려워하는 문제가 있으면 도움을 줬다. 20분이 지나면 각 소회의실이 닫히고 메인 화면으로 돌아온다. 모두

과제를 잘 수행했다. 1모둠부터 발표자가 조사한 내용을 발표하고 다른 모둠 학생들에게 궁금한 점을 질문하게 했다.

줌의 소회의실 기능을 통해 오프라인에서나 가능했던 모둠 활동을 재미있게 운영할 수 있었다.

소회의실 기능을 사용하기 위해서는 〈줌 홈페이지 ⇨ 로그인 ⇨ 설정 ⇨ 회의 중(기본) ⇨ 소회의실〉을 활성화한다. 홈페이지 〈설정〉에서 지정해줘야 강의나 회의 시 모둠별 회의를 진행할 수 있다.

〈메뉴〉에서 〈소회의실〉을 클릭하면 소회의실을 몇 개 만들 것인지가 화면에 나타난다. 참가자 인원수에 따라 모둠 숫자를 클릭하여 소회의실을 만들 수 있다.

〈자동으로 할당〉을 설정하면 모둠 숫자만큼 자동으로 소회의실을

[3-17] 소회의실 만들기

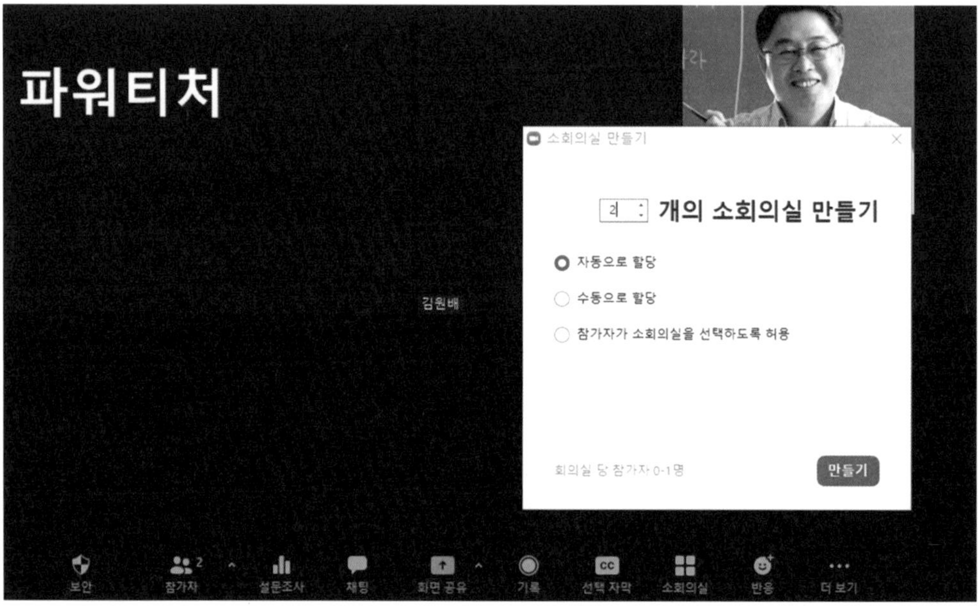

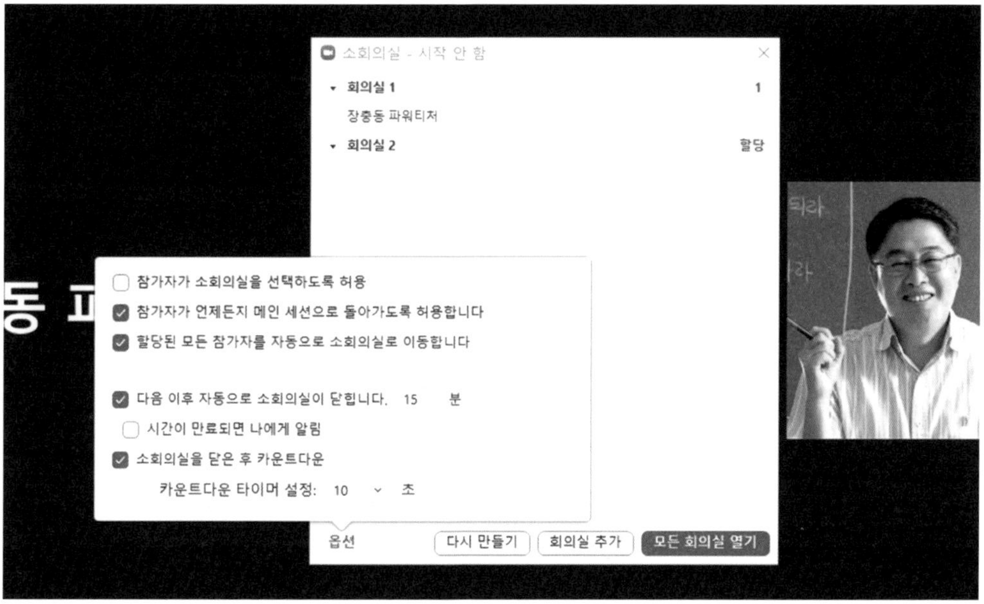

[3-18] 소회의실 옵션 지정하기

배정한다. 회사나 단체 또는 연수 프로그램에서 활용하면 편리한 기능이다.

〈수동으로 할당〉은 학생들 대상 수업이나 캠프에서 활용할 수 있다. 학력 수준에 차이가 있을 때는 수동으로 모둠을 구성해야 한다.

〈참가자가 소회의실을 선택하도록 허용〉은 모둠별로 주제가 지정되어 있을 때 사용한다. 참가자가 희망하는 주제를 선택해서 참가할 수 있게 하는 기능이다.

소회의실을 열기 위해 모둠을 구성할 때 참가자 각자에게 역할이 주어져야 한다. 소회의실을 이끌어갈 모둠장, 회의 내용을 기록할 기록원, 전체 회의에서 발표할 발표자 등을 미리 지정한 후 소회의실을 운영한다. 미리 지정하지 않으면 회의가 원활하게 진행되지 않는다.

소회의실을 시작하기 전에 〈옵션〉에서 회의실 운영에 관한 내용을 지정할 수 있다. 회의를 운영하는 필요에 따라 설정하면 된다.

회의 시간을 지정할 수도 있다. 회의 주제에 따라 적절하게 시간을 정하고 회의 종료 후 타이머를 설정하여 참가자들이 본회의 장소로 돌아오는 시간을 지정해준다.

모든 회의를 열기 전에 회의실을 〈다시 만들기〉, 〈회의실 추가〉 기능을 사용하여 추가 및 새롭게 〈소회의실〉을 지정하고 만들 수 있다.

소회의실 운영 팁

▶ 다른 회의실 대화 내용을 들을 수 없다.
▶ 호스트는 필요에 따라 각 소회의실에 입장할 수 있다.
▶ 소회의실에서 회의 중에 호스트의 도움이 필요하면 언제든지 호출할 수 있다.
▶ 소회의실 운영 시간을 너무 길게 줬을 경우 모둠원들끼리 다툼이 발생할 수 있다. 특히 어린 학생들이라면 언어폭력이 발생할 수 있으니 주의해야 한다.
▶ 소회의실 운영에 따른 규칙을 정해서 각자 지킬 수 있게 안내한다.

소회의실 운영 규칙

▶ 모둠장은 주제에 맞게 회의를 진행한다.
▶ 참가자들의 의견은 모두 소중하므로 서로 상대방 의견을 존중하고 배려한다.
▶ 상대방에게 비방, 조롱, 욕을 하는 것은 언어폭력이므로 하지 않는다.
▶ 회의 중 다툼이 발생했을 때는 지체없이 호스트에게 통보한다.
▶ 언어폭력은 학교 규칙에 따라 처벌받을 수 있으므로 주의한다.

05 회의 예약 및 관리

화상회의에서 가장 큰 장점으로 시간 절약을 꼽을 수 있다. 사무실에 앉아 이동하지 않고 회의나 수업을 할 수 있으니 시간 절약에 많은 도움이 된다. 하지만 온라인 회의가 늘어날수록 링크 주소(또는 회의 ID와 암호) 관리가 어려워진다.

오프라인 수업을 하는 경우, 장소가 정해져 있어 헷갈리는 일이 별로 없다. 하지만 줌으로 개최하는 회의는 온라인 가상공간에서 열린다. 줌 회의에 참석하려면 일반적으로 링크 주소를 따라 들어가거나 또는 회의 ID와 암호로 입장한다.

> https://us02web.zoom.us/j/84443347061?pwd=b1pJRHZPUDViYlZkSU8wblRKdz09
> 회의 ID: 844 4334 7061
> 암호: 5212409

회의를 위해 링크 주소(또는 회의 ID와 암호)를 종이 다이어리에 적는 것도 번거로운 일이다. 일반적으로 회의를 주관하는 사람이 화상 회의가 열리기 전에 링크 주소를 메시지로 보내주거나, 게시판에 올려둔다. 하지만 이것도 회의가 많아지면 관리하기가 어렵다.

1) 구글 캘린더로 줌 회의 예약하기

구글 캘린더를 사용하려면 먼저 구글에 회원 가입을 해야 한다. 안드로이드 휴대폰 사용자는 전화 개통 시 대부분 구글에 회원 가입이 되어 있다. 또한 구글에서 제공하는 여러 앱을 쓰기 위해 구글 크롬 브라우저를 사용하는 것이 좋다. 사용하는 PC에 구글 크롬 브라우저가 없다면 설치를 권장한다.

구글 크롬 브라우저를 다운받고, 구글 계정으로 접속한다. 필요한

[3-19] 구글 크롬 다운받기

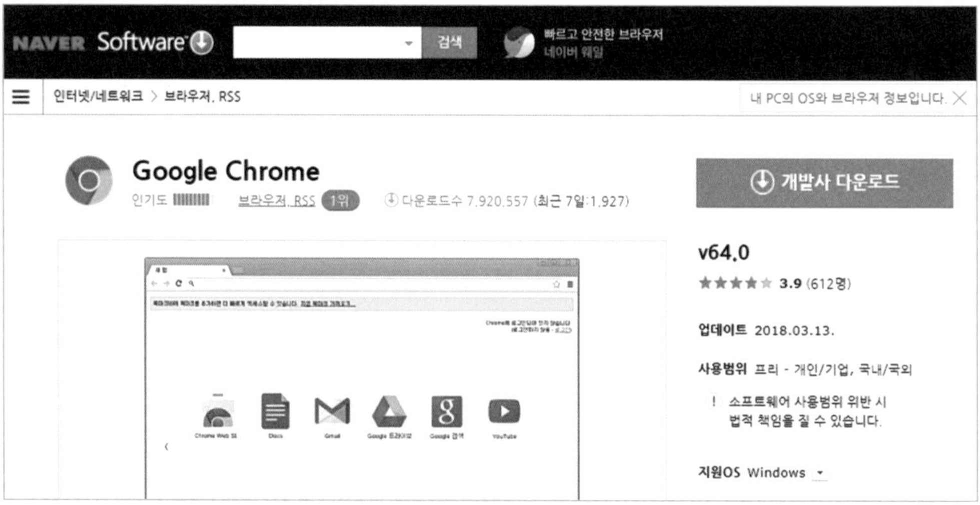

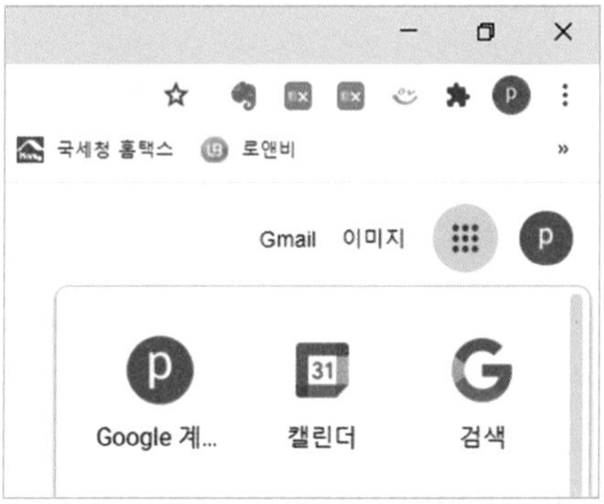

[3-20] 구글 크롬에서 기본 제공하는 프로그램

앱은 상단 우측에 있는 점으로 된 메뉴에 있다. 이 메뉴를 클릭하면 구글에서 제공하는 여러 프로그램을 볼 수 있다. 구글 미트 같은 화상 프로그램, 구글 드라이브, 주소록 같은 프로그램도 이곳에 있다. 여기서 캘린더 설정을 끝마친다.

이제 줌으로 가서 회의 예약을 잡는다. 일반적으로 회의 잡을 때와 동일하지만, 캘린더 일정에서 구글 캘린더로 선택해서 예약 설정을 마친다.

설정을 끝내는 순간, 구글 캘린더 일정이 자동으로 뜬다. 저장하면 일정이 완료된다.

[3-21] 줌회의 예약시 〈캘린더 옵션〉에서 Google 캘린더로 지정할 수 있다.

2) 구글 캘린더 하나로 일정 관리하기(스마트폰 일정 = PC 일정)

스마트폰 〈플레이스토어〉에서 구글 캘린더를 먼저 설치한다. 스마트폰 홈 화면에 구글 캘린더가 깔리면, 〈위젯〉을 다시 추가한다.

캘린더 앱과 위젯 설치가 끝나면,

[3-22] 안드로이드 폰에서 Google 캘린더 위젯 추가하기(왼쪽)

[3-23] 스마트폰 화면(상단 왼쪽)에 있는 Google 캘린더 위젯을 통해 일정을 상시 확인할 수 있다.(오른쪽)

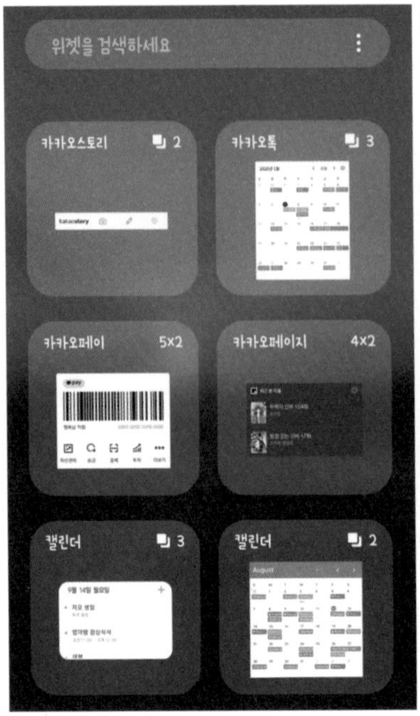

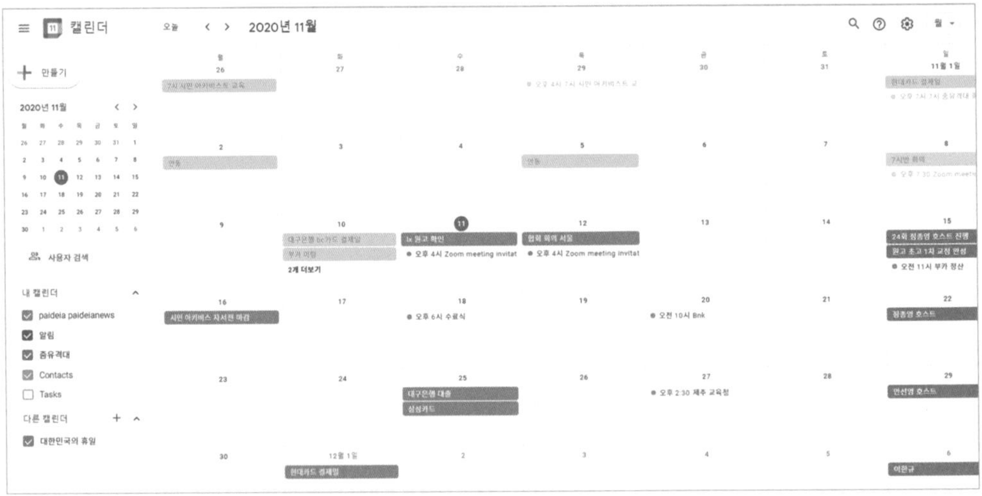

[3-24] Google 캘린더로 일정 관리(자기 컴퓨터)

PC와 스마트폰에 동일하게 일정이 표시된다. 스마트폰 왼쪽 상단에 향후 일정이 순차적으로 표시된다. 일정을 선택하면 즉시 수정

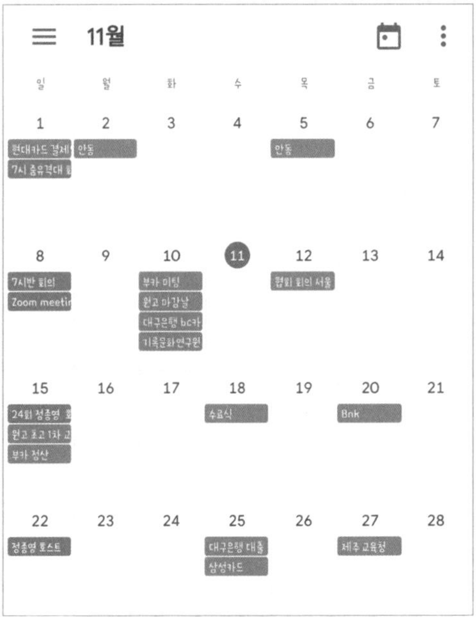

[3-25] Google 캘린더로 일정 관리(스마트폰)-자기 컴퓨터와 일정이 동일하다.

[3-26] 줌예약이 끝나면, 자동으로 Google 캘린더 일정 속에 회의 정보가 나타난다.

도 할 수 있다. 스마트폰에서 일정을 변경하면 PC에 있는 일정도 자동으로 바뀐다.

스마트폰 속의 캘린더 일정을 열어보면, 회의 일정과 링크 주소를 볼 수 있다. 링크 주소를 클릭하면 줌 회의로 바로 들어갈 수 있다.

예약된 일정은 시간에 맞춰 자동으로 메시지가 뜬다. 특히 구글 캘린더 공유 기능을 사용하면, 특정 그룹과 일정 공유를 할 수 있다.

설명이 길어졌지만, 핵심은 아주 간단하다. PC와 스마트폰에 구글 캘린더를 동시에 설치하고 연동(동기화)시키면 끝난다. 화상회의 일정뿐 아니라 다른 일정까지 구글 캘린더로 관리하면 아주 편리하고 효율적이다.

CHAPTER 04

화상강의 꿀팁

01 오프라인 강의와 온라인 강의의 차이점

평소 강의를 잘하던 사람도 온라인 강의에서 실패하는 경우가 있다. 사람 없는 곳에서 카메라만 보면서 강의하려니 힘들다고 호소한다. 과연 온라인과 오프라인 강의에 어떤 차이점이 어려움을 겪게 하는 것일까? 흔히 오프라인 강의든 온라인 강의든 다 거기서 거기라고 생각하기 쉽다. 하지만 그렇지 않다. 대면을 하느냐 못 하느냐의 차이가 무척 크기 때문이다.

1) 콘텍스트와 텍스트

한마디로 오프라인 강의는 콘텍스트(context) 강의다. 문맥과 흐름을 청중과 공유하기 때문이다. 그래서 상당 부분 육하원칙이나 배경지식이 생략될 수 있다. 같은 장소에서 얼굴을 맞대고 있으니 표정만 봐도 알 수 있다.

그러나 온라인 강의는 콘텍스트가 아닌 텍스트(text) 강연이다. 내가 던지는 말과 자료만 보면서 강의 내용을 들어야 한다. 독서하는 것과 비슷하다. 작가가 어떤 사람인지 어떤 느낌을 주는지는 생략되고 오로지 책의 활자만 읽는 것처럼 전혀 강의의 분위기를 공감하거나 문맥을 이해할 수 없다. 이것이 오프라인과 온라인 강연의 가장 큰 차이점이다.

예를 들면 오프라인 강연에서 강사가 다음과 같이 말하면서 눈을 찡긋했다.

"여러분, 이런 상황이 어떤 상황인지 다들 아시지요?"

수강생들은 그러면 강사가 농담한다는 사실, 지금 하는 말이 거짓말이라는 것을 바로 이해할 수 있다. 콘텍스트를 공유하기 때문이다. 하지만 온라인에선 이런 것이 불가능하다. 강사가 있는 스튜디오나 서재의 환경이 내가 있는 거실이나 공부방의 환경과 다르기 때

[4-1] 25개 모니터 화면에서 만나는 학생들과 직접 대면하는 것 같은 호흡을 기대하기는 어렵다.

문이다. 그리고 내가 보는 건 강사의 얼굴과 배경이 작게 드러난 화면일 뿐이다. 오프라인에서 능숙하고 재미있게 강의하던 강사라도 온라인에서는 당황할 수밖에 없다. 텍스트 위주 강의는 해본 적이 별로 없기 때문이다.

2) 이론과 실습

오프라인 강의는 실습이나 체험에 장점이 있다. 장애가 있는 필자는 학생들을 직접 불러내 내 휠체어를 밀어보게 하면서 장애인 예절을 가르칠 수 있다.

반면에 온라인 강의는 이론이나 원리원칙 등을 설명하거나 보여주는 데 장점이 있다. 작은 화면이기에 보여주는 자료나 이론에 집중할 수 있다.

체험이나 실습 위주로 강의하던 강사들은 코로나 사태로 인해 줌을 이용한 강의나 강연에서 굉장히 큰 어려움을 느꼈다고 한다. 한마디로 오프라인에서 느낄 수 있는 교감이나 눈빛, 동작과 같은 비언어적 메시지가 온라인상에서는 통하지 않기 때문이다.

3) 실수의 허용

오프라인 강의는 얼마든지 실수를 해도 용납이 된다. 원고를 떨어뜨린다든가, 물을 쏟아서 잠시 강의를 중단하고 수습해도 청중들은 모든 상황을 알기에 이해해주고 기다린다. 한번은 필자가 과거 이야기를 하다가 감정이 격해져 눈물을 흘렸는데 오히려 청중은 감동받아 박수를 쳐주기도 했다.

그러나 화상강의에서는 이게 불가능하다. 갑자기 물을 쏟아 강사가 화면에서 사라져버리면 어떤 일이 벌어졌는지 수강생들은 전혀 알 수 없기 때문이다.

한마디로 NG가 나면 오프라인에서는 어느 정도 수습이 가능하지만 온라인에선 그렇게 하기 힘들다. 보다 철저하게 강의를 준비하고 방해받는 요소를 제거해야 한다. 미리 대본을 철저하게 짜고 계획하여 시간에 맞춰 강의한다.

4) 강사의 성격 차이

강사의 성격에 따라 오프라인과 온라인의 적합성이 달라진다.

외향적이거나 소통과 대화를 좋아하는 강사들은 오프라인이 적성에 맞는다. 강의 중에도 이야기를 나누거나 질문을 던질 수 있기 때문이다.

하지만 내향적이고 약간은 대인기피증이 있는 사람이라면 온라인을 훨씬 편안하게 느낄 것이다.

차분하고 집중력이 있는 강사는 온라인을 좋아하지만 필자처럼 흥분하기 쉽고 활달한 사람은 오프라인 강의를 더 편하게 느낀다.

이러한 차이점이 있다는 것을 충분히 알고 줌을 통한 화상회의나 미팅에 임하는 것이 좋다. 온라인이건 오프라인이건 모든 강연이나 교육의 기본은 콘텐츠다. 양질의 콘텐츠를 가지고 있다면 온라인이든 오프라인이든 학생들은 강사의 이야기를 잘 받아들일 것이다. 그리고 설득력 있게 소통하는 능력을 가진 강사라면 온라인과 오프라인의 차이점에 크게 구애받지 않고 강의할 수 있다.

결국 온라인과 오프라인은 도구의 차이일 뿐 사람과 사람의 소통과 지식 전달의 근본 목적을 위해 만들어진 것임을 기억하자.

	오프라인	온라인
본질	콘텍스트	텍스트
이론과 실습	실습과 체험	이론
실수	허용	만회하기 어려움
성격	외향적 성격	내향적 성격

"가방을 들어주는 아이"
고정욱 작가와의 만남

[4-2] 필자는 오프라인 강연의 밀접한 소통을 선호한다.

02 화상강의 수강생을 위한 팁

얼마 전 교무실로 전화가 왔다. 교무실에 아무도 없고 필자 혼자여서 교감 자리로 걸려온 전화지만 필자가 받게 됐다.

"2학년은 언제 등교하는 거죠? 아이들이 늦게 일어나고 온라인 수업도 제대로 듣지 않고 생활습관이 엉망이에요."

누구인지 밝히지도 않고 다짜고짜 화를 내며 따지듯이 묻는 소리가 전화선을 타고 들어왔다. 순간 짜증이 났지만 맞대응할 수도 없는 상황이라 정중하게 정부 정책과 학사 일정에 따라 아이들이 등교한다고 원론적인 이야기만 했다.

코로나19 팬데믹으로 모두가 힘든 상황이다. 학교는 학교 나름대로 학사 일정과 시험 기간 등을 고려하여 3분의 1 또는 3분의 2 등교하는 실정이다. 매스컴에서도 상위권 학생들은 나름대로 자기주도학습이 잘 이뤄지지만 중위권 학생들 중에서는 자기주도학습이 제대로 습관화되어 있지 않은 학생들이 하위권으로 밀려나고 있다며 우려 섞인 기사들을 쏟아내고 있다. 온라인 수업이 일상화되면서 자기 관리 능력과 자기주도학습이 승패를 좌우한다.

우선, 화상강의의 장점을 살펴보면 다음과 같다.

첫째, 쌍방향 수업을 기록하거나 영상 수업인 경우 반복해서 수강할 수 있다.
둘째, 시간과 공간의 제약을 받지 않는다. 강의하는 교사나 수업을 듣는 수강자도 노트북과 스마트폰만 있으면 어디서나 강의하고 들을 수 있다.
셋째, 자기주도학습이 가능하다. 이번 기회에 자신의 자기주도학습 능력을 테스트해보고 자신만의 공부법을 습관화해보자.
넷째, 학습 공간과 학습 경험이 확대된다. 처음 해보는 온라인 강의에 익숙해지면서 전자기기를 활용한 온라인 학습에 최적화될 수 있다.

물론 장점만 있는 것은 아니다. 화상강의의 단점도 많다.
첫째, 디지털 격차가 발생할 우려가 있다. 전자기기 성능과 와이파이, 인터넷망 등의 구축 정도에 따라서 학습 효과가 크게 달라지기 때문에 디지털 문화에서 오는 격차가 발생할 수 있다.
둘째, 사람과 사람 간의 접촉 기회가 줄어든다. 학교가 공부만 하는 곳은 아니다. 친구들과의 관계, 선생님과의 관계 등 집단에서 사회성과 공동체 정신을 배우는 곳이기도 하고 정서적으로 발달하기 위한 기회인데 온라인 화상강의에서는 이러한 것들을 배울 기회가 줄어든다.
셋째, 수업 집중도가 낮아진다. 가정에서 강의를 듣다 보니 여러 가지 유혹을 참아내기 힘들다.
넷째, 즉각적 피드백이 어렵다. 플랫폼에 영상자료를 올려서 수업을 진행할 때 즉각적인 질의응답이 이루어지기 힘들다. 그래서 쌍방향 수업으로 전환해야 하는 이유이기도 하다.

다섯째, 강의에 대한 의존성이 증가하고 인터넷 환경 유혹에 약하다. 배움 활동은 스스로 마음속에서 일어나야 하는데 화상강의에만 의존하는 경향이 나타나고 인터넷 속의 게임, 유튜브 영상 등의 유혹에 빠지기 쉽다.

여섯째, 진도 관리, 시간 관리가 어렵다. 선생님들은 진도를 관리하기가 힘들고, 학생들은 수업 시간에 맞춰서 강의를 듣기가 힘들다.

일곱째, 자신이 얼마나 잘하고 있는지 제대로 파악하기 힘들다. 학교에서는 친구들과 같이 수업을 듣고 참여하면서 자신의 위치를 파악할 수 있는데 온라인 화상강의에서는 힘든 일이다.

여덟째, 육체적·정신적으로 피로하다. 컴퓨터 화면만 보며 하루에 7시간씩 수업을 듣는다는 것은 육체적으로나 정신적으로나 힘든 일이다.

단점이 장점보다 훨씬 많다. 비대면 시대 온라인 수업에 제대로 참여하고 효율적인 성과를 낼 수는 없을까?

첫째, 게을러지지 말아야 한다. 학교 등교하는 시간과 똑같이 하루를 시작하고 하루를 마무리한다.

둘째, 교실 수업과 같은 환경을 만든다. 교실에는 가방과 필기도구 그리고 교과서만 있다. 공부할 책상 위에는 화상강의를 들을 노트북, 교과서, 필기도구, 노트만 준비하고 다른 것들은 전부 거실로 내보낸다. 환경을 학교 교실처럼 만들자.

셋째, 필기하며 수업을 듣는다. 집중력을 키우는 가장 확실한 방법은 선생님의 강의 내용을 모두 노트에 적는 것이다. 노트에 필기하려면 집중해서 들어야 하고 집중하다 보면 강의 내용이 오래도록 기억에 남는다.

넷째, 멀티플레이어가 되지 말아야 한다. 화상강의 때는 수업에만 집중한다. 간혹 게임하면서 강의만 틀어놓은 경우가 있다. 수업 시간에는 수업에만 집중하자.

다섯째, 예습과 복습을 철저하게 한다. 화상강의에서는 예습과 복습이 더욱 중요하다. 학원에만 의존하지 말고 본인 스스로 공부하는 시간을 많이 확보하자.

여섯째, 수업 시간표대로 참여한다. 쌍방향 수업은 학생들이 시간에 맞춰 들어온다. 그러나 플랫폼에 올려진 영상을 듣는 수업은 제시간에 듣지 않는 경우가 있다. 이런 일이 잦아지면 온라인 강좌를 제대로 듣지 못하게 된다.

화상강의에서 강자가 되기 위한 길은 먼저 스스로 학습하는 방법을 찾는 것이다.

03 강사의 액션

강의를 하다 보면 학생들의 집중도가 갈수록 떨어진다. 얼굴만 계속 보고 있기 때문에 그럴 수 있다. 강사의 입장에서 학생들의 집중도를 높이려면 어떻게 해야 할까? 여기엔 액션이 필요하다. 어떻게 하면 학생들이 잘 집중하도록 액션을 취할 수 있을까?

비대면 강연이나 회의의 호스트가 해야 할 가장 중요한 것은 액션이다. 호스트는 액션을 보여주는 것이 필요하다. 얼굴만 나오는데 어떻게 액션을 보여줄까?

1) 화면에서 거리를 두고 앉는다

대개 화면에 얼굴이 가득 차야만 제대로 강연한다고 생각할 수 있는데 그렇지 않다. 거리를 두고 멀리 앉아서 상반신이 보이게 한다. 상반신이 보여야 자연스러운 동작이나 표정, 고갯짓 혹은 가지고 있는 물건들을 들고 보여줄 수 있기 때문이다. 자연스럽게 팔

[4-3] 화상강연에서는 인물과 카메라 사이의 거리 조절이 중요하다.

을 움직이거나 상반신을 통해 할 수 있는 동작이 모두 화면에 잡혀서 비대면 회의를 하는 사람의 주목도가 높아진다. 얼굴만 가득 차 있어서는 답답하고 이내 지루해진다.

고수향 작가는 제주도의 인문학을 줌으로 강의하는데 적당한 거리를 두고 강연을 하기에 손동작이나 상체의 움직임이 잘 보여 보는 사람의 집중도가 높다.

2) 쌍방향을 유도하자

얼굴을 가리거나 비디오를 끈 사람에게는 경고를 주는 것이 좋다. 청중이 없는 깜깜한 화면에서 강사가 명강의를 하기는 쉽지 않다. 화면에 얼굴이 나오지 않게 끄는 것은 마치 몰래 숨어서 도강하는 것과 마찬가지다. 강연 중에 줄 수 있는 선물이나 티켓 혹은 쿠폰을 제공할 때 얼굴이 안 보이는 사람은 제외시킨다.

이렇게 얼굴을 드러내게 하는 것은 또 다른 효과가 있다. 내 얼굴을 강사가 보고 있다는 생각을 해야 딴짓을 하지 않고 강연에 집중할 확률이 높아진다.

3) 회의 방해를 방지하자

주석을 함부로 쓰거나 마이크를 켜서 잡소리가 들어오지 않도록 주의를 준다. 필자는 오디오를 켜서 강의를 방해하거나 자리를 비우는 사람에겐 선물을 주지 않는다. 나만의 수강이 아니라 다른 사람도 함께 있다는 것을 인지하게 만드는 것이 중요하다.

4) 수강생에게 미션을 준다

학생들에게 뭔가 할 일을 줘야 한다. 이른바 미션이다. 필자의 경우 내 강의를 들으며 반드시 필기하라고 미션을 준다. 특히 학생들이라서 효과가 좋다.

"자, 이 대목을 필기하세요! 밑줄 쫙! 별표! 하트 뿅뿅!"

이러면 맨 처음에는 뜨악한 표정으로 '내가 필기를 하든 말든 당신이 어떻게 알겠어' 하는 표정으로 쳐다보는 학생이 있다. 이럴 때 나는 필기한 내용을 카메라 렌즈에 보여달라고 이야기한다. 그러면 꼼짝없이 카메라 렌즈 앞에 자신이 필기한 것을 들이대야 한다. 화면의 모자이크 배열을 보면 누가 필기를 하지 않았는지 한눈에 보인다.

5) 주목을 유도한다

기분 나쁘지 않게 이름을 불러주는 것이 좋다. 줌의 좋은 점은 학생이나 수강생의 이름이 나온다는 사실이다. 한동안 주목하지 않는 사람이 보이면 이름을 부른다.

"김미옥 학생. 선생님이 하트 뿅뿅 할 때까지 기다리고 있어용."

"이태란 학생 딴 데 보지 말고 여기 봐주세요. 선생님이 슬퍼요."

이런 식으로 부드럽게 우회적으로 표현해도 이름이 불린 사람은 깜짝 놀라게 된다. 주목하지 않는 학생들은 다른 이에게도 부정적인 영향을 줄 수 있다. 강연의 흐름이 끊길 것을 각오하고 지적하는 수밖에 없다.

필자는《줌을 알려줌》책의 부록인 옐로카드와 레드카드를 장만해서 가끔 보여준다.

"집중 안 하시는 분에게는 옐로카드가 나갑니다. 2장 받으면 레드카드입니다."

물론 집에 있는 사람들을 레드카드로 퇴장시킬 방법은 없다. 하지만 옐로카드와 레드카드로 주목하게 만드는 것이다.

04 수강생의 줌 활용

줌 강의에 수많은 사람이 수강하는 만큼 적극적으로 참여하려는 사람에게는 어려움이 있다. 강사에게 한 명 한 명은 모자이크의 한 조각으로 보이지만, 이때 적극적으로 참여할 수 있게 도와주는 방법이 있다.

줌으로 강연을 들을 때도 애로사항은 많다. 무엇보다 강사만이 아니라 다른 수강생의 얼굴을 모자이크 식으로 본다는 점이다. 다시 말해 강사와 소통하기가 쉽지 않다. 질문을 하거나 자신의 호응을 리액션으로 보여주기가 어렵다.

이럴 때는 다음과 같은 방법을 사용한다.

1) 시각 자료로 의사표시한다

《줌을 알려줌》과 이 책의 부록에 있는 번호 카드를 활용하는 방법이 있다. 강사가 객관식 퀴즈를 내면 번호 카드로 정답을 들어 보이는 것도 방법이다.
또한 핸드폰의 배너 앱을 사용해 간단한 문장이나 단어를 보여주는 것도 효과가 있다.
여러 사람의 모자이크 화면에서 내가 카드를 들거나 문자를 보여주면 강사는 주목하게 되어 있다.

2) 동작을 적극 활용한다

마이크를 켜서 소리를 치거나 대답하면 다른 사람에게 방해가 될 수 있다. 카메라에 잘 보이도록 손을 들어 올리거나 머리 위로 하트를 만들거나 손가락 하트를 보여준다.
필자가 속해 있는 줌 유격대는 주중에 한 번, 주말에 한 번 하는 줌 미팅이나 낯선 사람 만나기 혹은 장애인 글로벌 화상 포럼에서 두 손을 귀 옆에 세우고 반짝반짝 흔들어 인사한다. 양옆에서 손 흔들기는 마치 별이 빛나는 것 같지만 수어로 박수 치는 것을 뜻한다.
이것 말고도 손을 들어 보이거나 좌우로 흔들면 인사가 된다. 거수경례를 하는 사람도 있다. 이 모두가 좋은 리액션이다.
강사가 강연을 잘했을 때 손을 흔들거나 박수를 쳐준다. 머리 위 하트나 손가락으로 OK를 보여주는 것도 좋다.
강사만 액션이 필요한 게 아니다. 수강생도 활동적인 모습을 보여주면 강사에게 용기와 격려를 주는 좋은 계기가 된다.

3) 채팅창을 활용한다

위와 같은 의사표시가 여의치 않을 때는 채팅을 이용한다. 줌은 〈채팅〉 기능이 잘 되어 있다. 모두에게 의사표시를 할 수도 있고, 특정인에게 따로 보낼 수도 있다. 채팅창에 자신의 홍보 전화번호를 알리거나 자료, 질문 혹은 의견을 올리는 것도 좋다.

이런 리액션은 강의의 긴장감을 높이고 강사가 더욱 힘을 내 좋은 강의를 할 수 있도록 용기를 준다.

요즘 학생들은 말하는 것보다 채팅으로 소통하는 것이 더 효과적일 수 있다. 채팅창을 적극 활용하면, 의사소통을 원활히 할 수 있다.

05

수업 참여도를 높이는 줌 강의 스킬

온라인 수업 성패는 수강생의 적극적 참여에 달려 있다. 오프라인 수업에서 수강생의 적극적 참여도가 떨어진다고 판단되면, 강사는 일반적으로 스팟기법을 사용한다. 스팟기법이란, 기분 전환이나 동기부여를 위한 보조 활동을 말한다. 반면 온라인 수업은 실시간 쌍방향 소통을 하는 데 제약이 있다. 오프라인에서 사용하는 스팟기법을 그대로 사용하기에는 많은 제약이 따른다.

온라인 수업에서 수강생의 적극적 참여를 끌어올리기 위해 어떤 준비가 필요할까? 줌에서 제공하는 〈주석 작성〉 기능을 활용하면 수업의 참여도를 올릴 수 있다.

1) PPT 활용

파워포인트 같은 프레젠테이션 프로그램(이하 'PPT'로 칭함)을 활용한 두 가지 방법을 먼저 소개한다.

① 자기소개

강사 대부분은 자신을 소개하는 PPT 파일이 있다. 오프라인 수업에서 강의 초반에 자기소개 PPT 파일을 프레젠테이션으로 띄워놓고 그대로 읽는 편이다. 오프라인이라면 모르겠지만, 온라인 수업에서 이런 방법은 수강생의 참여도를 떨어뜨릴 수 있다.

만약 수강생의 인원 정보를 미리 알 수 있다면, 간단한 PPT 하나로 수업의 적극성을 끌어올릴 수 있다. 단, 자기소개 PPT 파일을 수업 전에 미리 만든다. 이 파일은 줌 실행과 동시에 다른 창 또는 화면에 열어놓는다.

[4-4] 줌 수업에 참여한 사람의 이름과 사진을 이용하여 만든 자기소개 PPT 파일

이렇게 만들어놓은 이미지를 공유한 뒤, 〈주석 작성〉 메뉴를 활성화시킨다.

[4-5] 활성화시킨 주석 메뉴

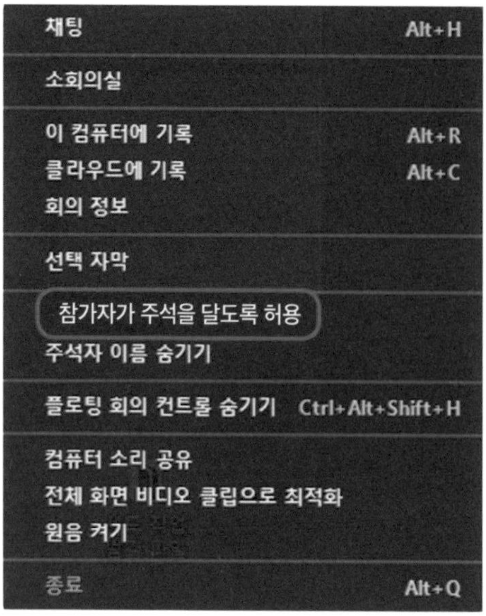

[4-6] 〈참가자가 주석을 달도록 허용〉을 선택한다.

〈주석 작성〉 기능에서 〈참가자가 주석을 달도록 허용〉으로 변경하는 것이 좋다. 이 기능은 메뉴 오른쪽에 있는 〈더 보기〉를 클릭하여 확인한다. 참가자가 직접 주석을 달게 되면, 수동적에서 능동적으로 참여를 이끌어낼 수 있다.

주석 기능을 활용하여 자기소개하는 요령이 있다. 강사가 먼저 자기소개를 한 뒤, 다음 사람에게 순서를 넘겨준다. 다음 사람을 지정할 때, 〈주석 ⇨ 그리기 ⇨ 화살표〉를 이용한다. 참가자가 자신을 직접 소개하고 다음 순서를 직접 고를 수 있다면, 수강생의 집중력이 올라가고 긴장감을 유지할 수 있는 장점이 있다.

[4-7] 미리 만들어놓은 참가자 소개 화면(파워포인트로 제작)

② 수업 자료

자기소개와 방법은 비슷하다. 수업 자료를 미리 만들고 주석 기능을 활용하면, 수강생의 참여를 이끌어낼 수 있고, 집중력도 높일 수 있다. 주석 기능 사용 방법은 자기소개와 동일하지만, 수강생이 적극적으로 참여할 수 있는 수업 자료를 만드는 게 중요하다.

최근 읽은 책

정가온	
달수	
우남희	
양정화	

인생에서 가장 중요한 것

돈	이성친구	성공
공부	경험	여행

수업 자료는 단답식 또는 간단한 의사표시가 가능하도록 만든다. 단답식은 주석 메뉴 중 〈텍스트〉 기능을 이용하고, 간단한 의사표시는 주석 메뉴 중 〈스탬프〉 기능을 활용한다.

2) 진짜 화이트보드 활용하기

수강생은 A4 용지 또는 A4 크기의 화이트보드를 준비한다. 채팅창을 통해 질문과 답변을 주고받는 것보다 수업 참여도가 더 좋아진다. 줌 설정에서 〈내 비디오 미러링〉이 선택되어 있으면, 글자가 거꾸로 보일 수 있으니 주의해야 한다.

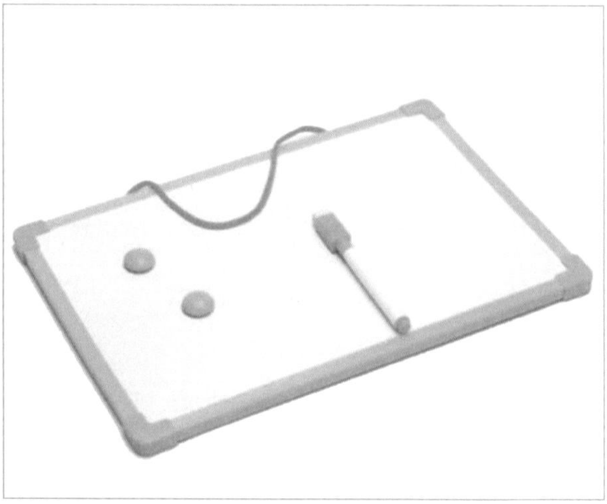

온라인 수업은 오프라인 수업과 달리 분위기가 가라앉을 때가 많다. 적극성을 보이지 않거나 수동적 태도를 취하는 학생이 많을수록 분위기는 더 나빠진다. 간단한 자료 준비와 주석 기능을 사용하면 온라인 수업이라도 수강생의 참여도를 극대화할 수 있다.

06 듀얼 모니터 사용하기

듀얼 모니터는 노트북이나 데스크톱에 모니터를 하나 더 연결해서 사용하는 것을 말한다. 듀얼 모니터를 미러링해서 사용할 수 있지만 미러링하지 않고 컴퓨터 모니터를 확장해서 하나 더 사용하는 것이 편리하다. 예를 들면 글을 쓰면서 다른 모니터에 인터넷을 검색하거나 다른 문서를 참고하는 것이다.

[4-8] 듀얼모니터 사용 화면

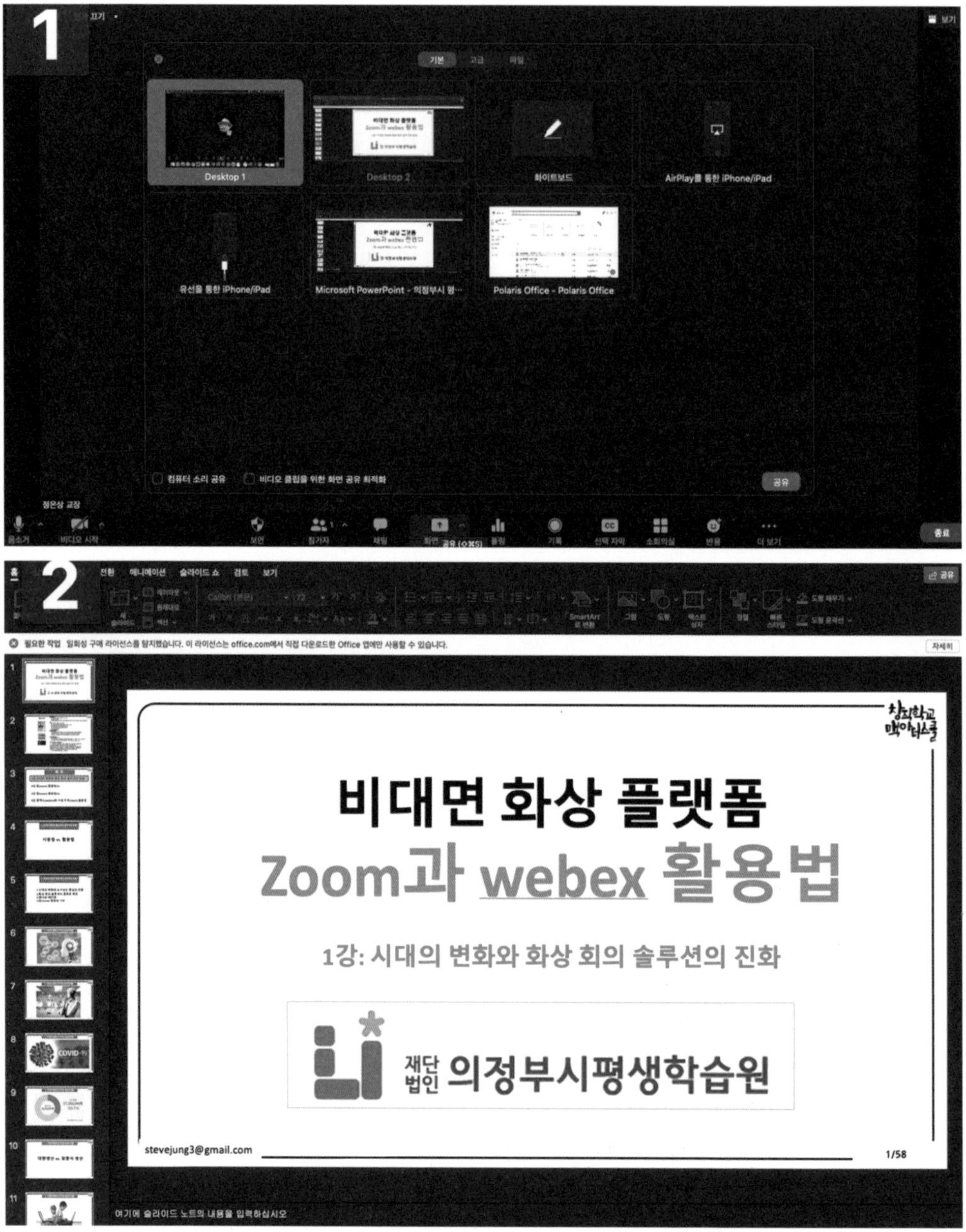

[4-9] 듀얼모니터 사용 시 왼쪽 상단에 1과 2로 표시된다

줌에서 화면 공유할 때 듀얼 모니터는 매우 편리하다. [4-8], [4-9]에서처럼 모니터 1에서 줌 회의를 하면서 모니터 2에 파워포인트를 띄워놓고 공유하거나 모니터 2에 참가자 갤러리 화면을 띄워놓고 회의를 진행한다.

CHAPTER

05

줌 활용의 끝판왕!

1 줌으로 방송하기

2 줌으로 모바일미술 영역 무한 확장

01

줌으로 방송하기

1) 줌에서 페이스북과 유튜브 라이브 스트리밍하기

지금은 동영상보다 라이브 스트리밍이 더 각광을 받는 시대다. 줌으로 회의를 하면서 녹화도 하고 동시에 페이스북과 유튜브에 라이브 방송을 할 수 있다.

예를 들면 지난 9월에 가평 자라섬에서 열렸던 장애인예술문화축제를 줌으로 현장 생방송을 하면서 페이스북으로 라이브 방송을 했다. 사전에 줌 생방송 예고를 알지 못했던 많은 페이스북 친구들이 함께 축제를 즐겼다.

먼저 줌 홈페이지(zoom.us) 〈설정〉에 들어가 〈회의(고급)〉를 찾은 후 〈회의 라이브 스트리밍을 허용합니다〉를 선택하고 아래 페이스북과 유튜브를 클릭한다.

이 기능은 유료 계정에서만 할 수 있다. 줌 홈페이지에 설정하면 줌 메인 화면 우측 하단 〈더 보기〉에서 페이스북과 유튜브를 선택할 수 있다. 다만 둘 다 동시에 선택하는 것은 불가능하다.

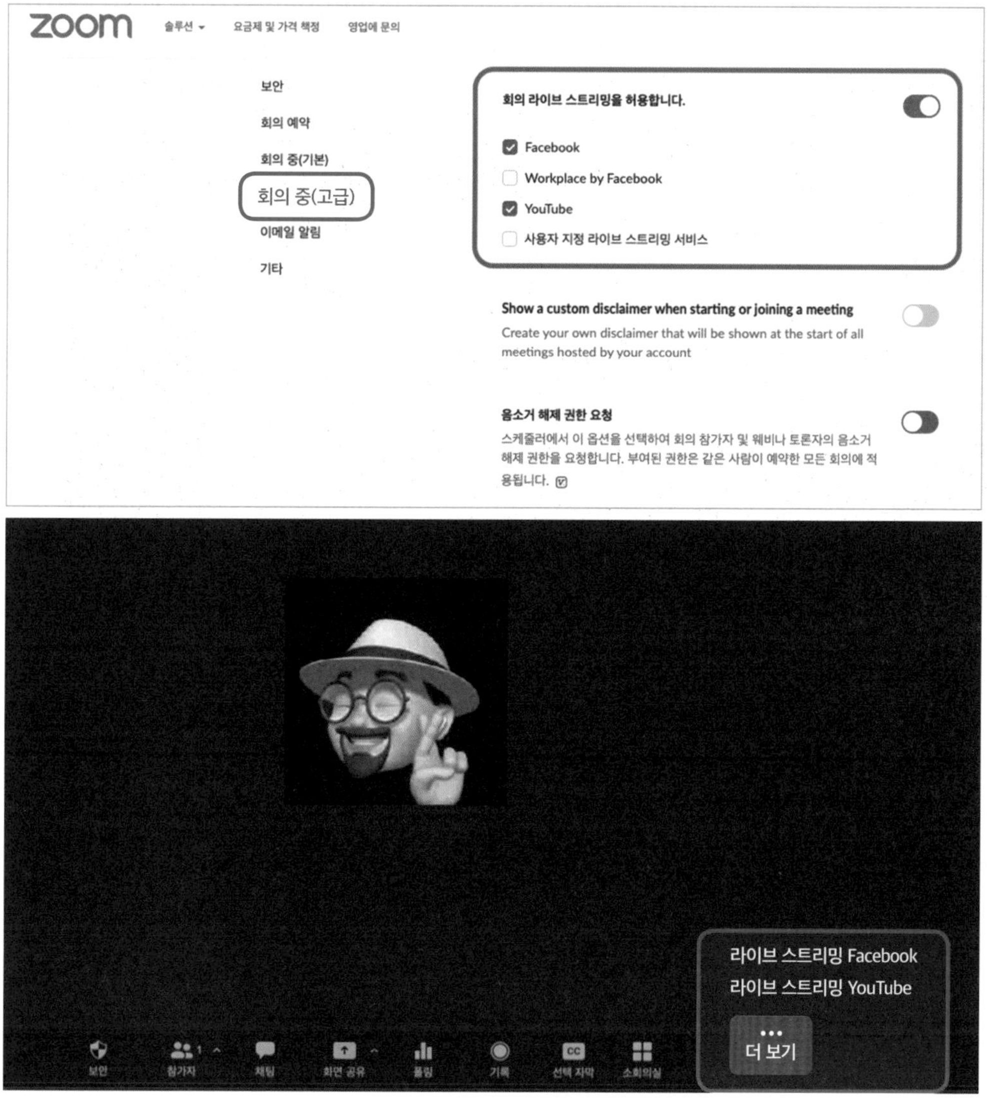

[5-1] 라이브 방송 선택하기

페이스북이나 유튜브 라이브 스트리밍을 하기 전에 먼저 줌 화면 좌측 상단에 있는 '원음 켜기'가 되어 있는지 반드시 확인해야 줌에서 나오는 소리가 제대로 스트리밍된다. 매우 중요한 포인트다.

[5-2] 원음 끄기로 되어 있는데, 원음이 켜져 있어야 한다.

페이스북을 선택하면 타임라인이나 페이지 중 어디에 라이브 스트리밍할지를 묻는다. 타임라인에 그대로 스트리밍을 해도 되지만 나중에 조회 수뿐 아니라 도달 수를 확인하기 위해서는 자신이 관리하는 페이스북 페이지에 먼저 라이브 스트리밍을 하고 자신의 타임라인에 공유하는 것이 좋다.

페이스북에 스트리밍하기 전 먼저 공개 범위를 정하고 제목과 설명을 넣은 후 방송을 시작하면 된다. OBS(Open Broadcasting System)처럼 스트림 키를 복사해서 붙여넣어야 하는 번거로움이 없다.

줌을 호스트가 종료하거나 중간에 페이스북 라이브를 중지할 수도 있다. 페이스북에 라이브 방송된 내용은 나중에 페이스북 동영상을 다운로드해서 편집 후 유튜브에 업로드할 수도 있다.

[5-3] 줌에서 페이스북 라이브 방송할 때 타임라인에서 할 것인지 페이지에서 할 것인지 결정해야 한다.

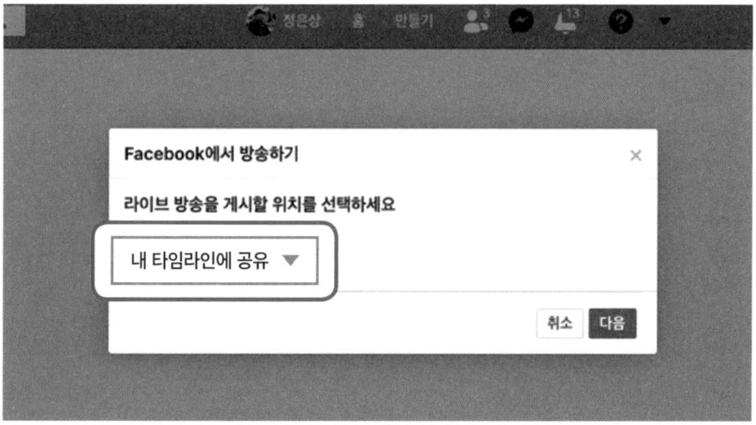

페이스북이 연결되면 제목과 설명을 쓰고 아래 방송하기를 누르면 된다. 오른쪽에 있는 스트리밍 설정은 손대지 않아도 된다.

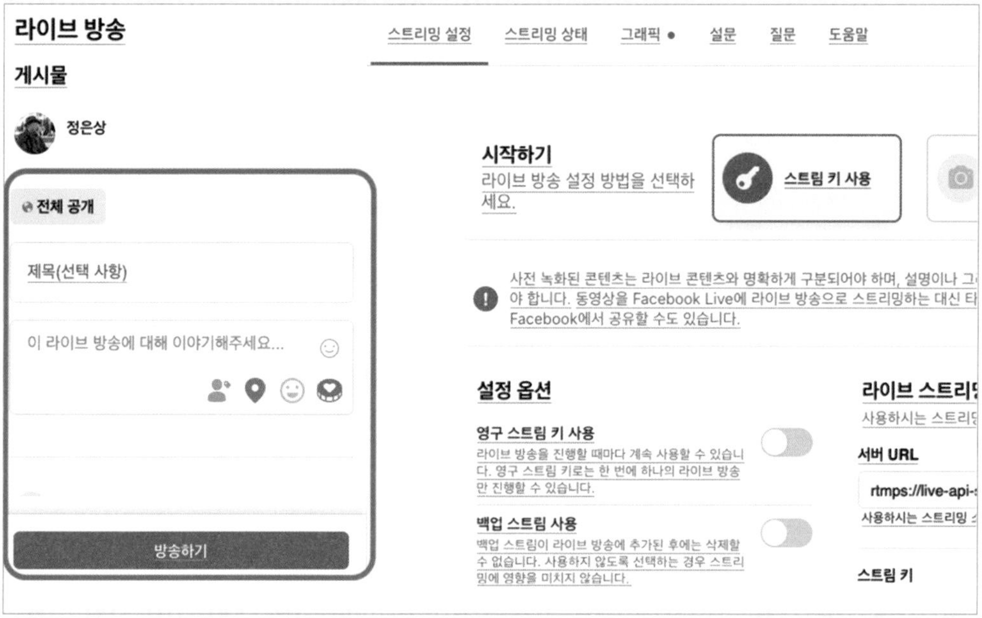

[5-4] 제목과 내용을 넣고 공개 범위 지정하기

[5-5] 페이스북 선택하기

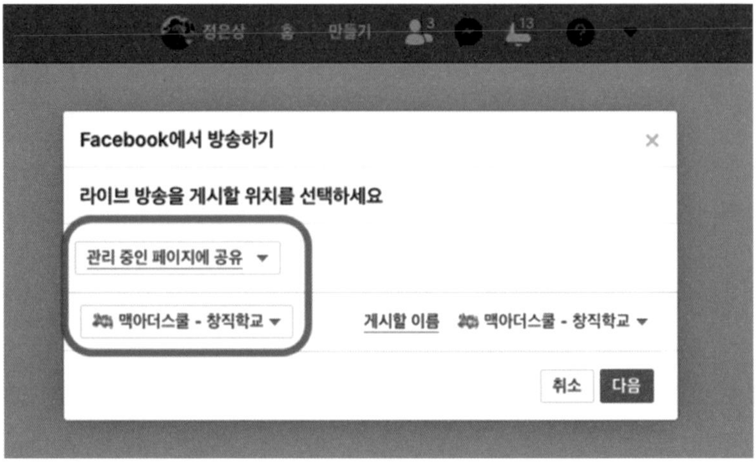

유튜브 라이브 스트리밍을 위해서는 자신의 유튜브 채널을 선택하면 된다.

[5-6] 유튜브 라이브 방송하기

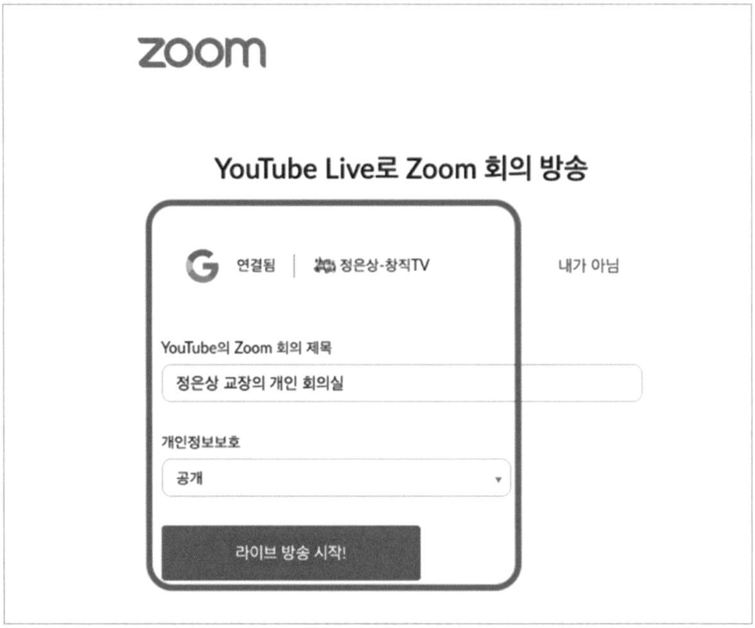

2) 유튜브 라이브 방송 연결하기

줌에서 유튜브 라이브 방송을 동시에 하면 자신의 채널을 홍보할 수 있다. 유튜브는 방송과 동시에 유튜브에 업로드가 되기 때문에 나중에 편리하게 다시보기를 할 수 있다. 인터넷 속도에 따라 약간의 버퍼링이 걸릴 수 있지만 그 정도는 감안하고 볼 수 있다.

유튜브 라이브 방송을 하려면 먼저 줌 홈페이지(zoom.us)에 들어가 〈회의 중(고급)〉 설정을 찾아 회의 라이브 스트리밍을 허용해야 한다.
다음으로 줌 화면 오른쪽 아래 〈더 보기〉를 누르고 〈라이브 스트리밍 Youtube〉를 선택한 후 어느 채널에서 방송할지 결정하면 된다. 다만 유튜브 라이브 방송은 유료 계정에서만 가능하다.

[5-7] 줌 홈페이지(zoom.com)에서 설정하기

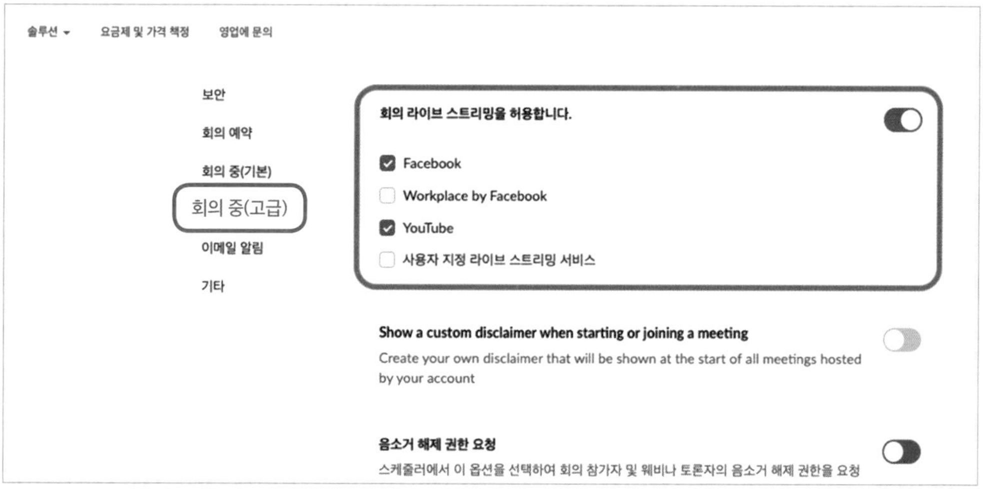

[5-8] 라이브 방송을 하려는 채널 선택하기

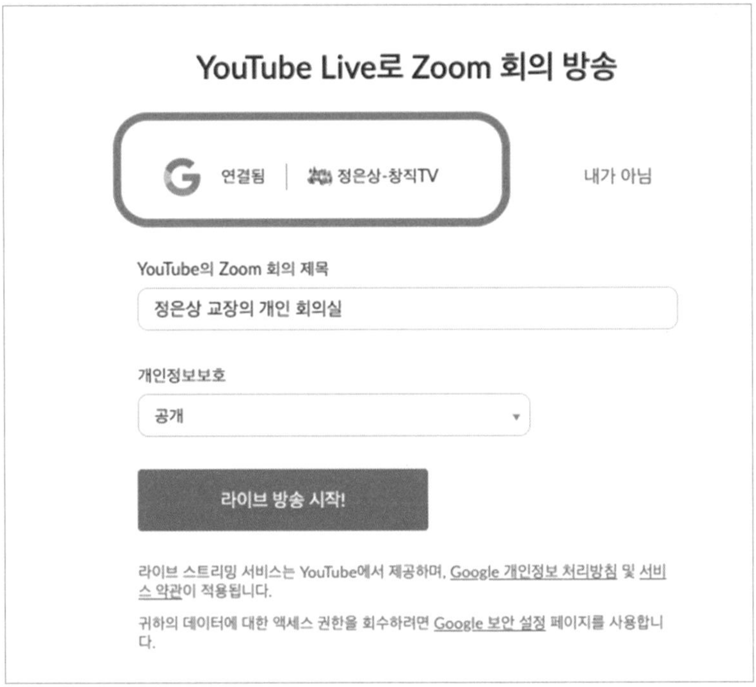

3) 줌으로 현장 방송 중계하기

줌을 이용하다 보면 혼자만 참여할 게 아니라 널리 알리고 싶어진다. 어떻게 하면 될까?

가족모임이나 축제, 행사, 세미나 등에서도 줌은 유용하다. 약간의 기술적 이해도만 있으면 되는 일이다.

줌으로 생중계가 가능하다. 원리는 그리 어렵지 않다. 2020년 10월 23일 장애인 축제가 가평의 자라섬에서 개최되었다. 줌 유격대가 출동해 이 개막식을 온라인으로 전국에 생중계를 했다. 바야흐로 줌의 시대가 온 것이다.

그런데 의문점은 방송신호를 줌으로 어떻게 보내는가 하는 것이다. 정은상 맥아더스쿨 교장은 중계방송을 위해서 방송 팀과 수차례 미팅한 결과 방법을 알아냈다.

[5-9] 줌 라이브 방송 실제 사례

무대 뒤의 모니터에 줌 중계화면이 배경으로 깔려 실시간 라이브 방송의 의미를 더욱 빛냈다.

방송에서 나오는 영상과 음향의 신호는 디지털로 HDMI 케이블을 통해서 송출될 수 있다고 했다. (HDMI는 'High Definition Multimedia Interface'의 약자로, 압축되지 않은 풀 디지털 오디오와 비디오 신호를 통합 전송할 수 있는 초고속 멀티미디어 연결방식이다.)

그러면 이제 그 신호를 줌으로 연결하는 문제만 남는다. HDMI 케이블을 통해 오는 방송신호를 그대로 줌으로 보낼 수는 없다. 줌에 적합한 영상신호로 바꿔야 하기 때문이다. 이때 필요한 것이 4K 캠링크이다. 한마디로 디지털 방송신호를 노트북이나 웹캠의 촬영신호처럼 변환해서 줌에서 이용할 수 있게 해야 하는 것이다.

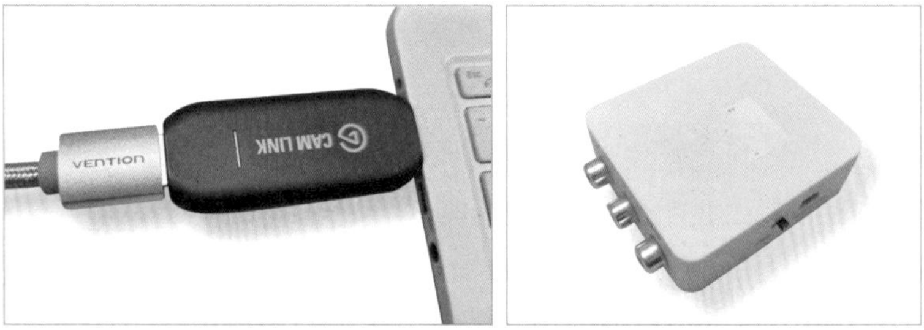

[5-10] 4K 캠링크와 오디오 비디오 신호를 HDMI 신호로 변환하는 컨버터

[5-11] 케이블로 들어오는 영상신호를 HDMI 신호로 변환하는 컨버터

중계방송이 시작되기 전 17만 원 상당의 4K 캠링크를 노트북에 연결해 줌에 접속해보았다. 문제는 의외로 간단하게 해결되었다. 성공적으로 방송에 나가는 화면들이 그대로 줌의 호스트 화면으로 송출되었다. 이렇게 프로토콜은 언제든지 생각만 하면 만들어 낼 수 있다.

HDMI로 화면이 나오지 않을 때는 일반 비디오카메라의 AV 아날로그 신호도 있다. 흔히 보는 비디오와 오디오 케이블이다. 이것 역시도 컨버터(3RCA to HDMI)를 장만해서 제 색깔에 맞는 코드를 꽂아 HDMI 신호로 바꾼 뒤 캠링크로 송출하면 끝이다.

또한 아날로그 케이블 신호도 역시 변환기(SDI to HDMI)가 있다. 이 변환기만 장만한다면 얼마든지 줌을 통해 방송신호를 생중계할 수 있다.

이처럼 자라섬 축제를 중계하고 나서 다음 날 축제의 한 파트인 트로트가요제의 중계 의뢰가 또 들어왔다. 줌 유격대는 HDMI 케이블로 오는 신호를 4K 캠링크로 중계하는 데 아무 문제가 없다는 것을 이미 경험으로 알고 있었다.

하지만 아이디어는 한 단계를 넘어설 때마다 새롭게 나오는 법이다. 17만 원 주고 산 화질 좋은 웹캠을 사용하기로 하고 현장에서 중계 준비를 마쳤다.

USB로 웹캠은 노트북에 연결하고 방송신호 역시 USB로 연결했다. 줌 화면의 비디오를 클릭하면 방송신호와 내 웹캠 두 개가 동시에 떴다. 사진의 중국어 표시가 웹캠이고 아래의 720HD 카메라가 노트북 내장이다. 어느 카메라를 선택하느냐에 따라 줌으로

[5-12] 화면 하단 비디오 옆의 꺾쇠를 누르면 카메라를 선택할 수 있다.

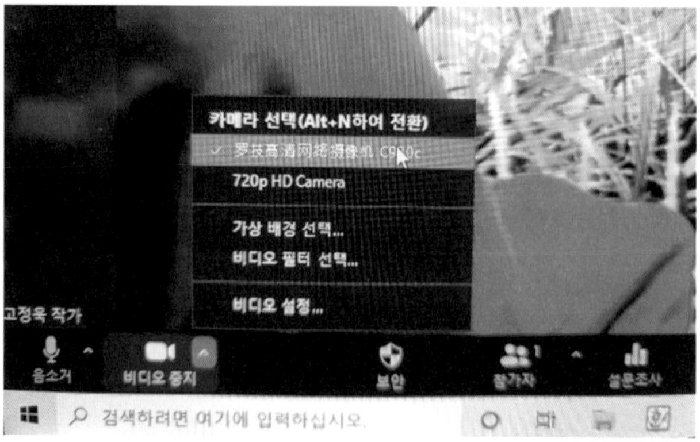

행사에 참여한 사람들은 그 화면을 볼 수 있었다. HDMI를 선택하면 방송화면이 나가고 웹캠을 선택하면 내가 가지고 있는 카메라 신호가 나가는 셈이다.

[5-13] 여러 개의 USB를 사용하려면 이런 모양의 허브가 유용하다.

이 웹캠을 통해서도 중계방송이 가능하다. 웹캠은 중계하는 필자 얼굴에 고정시키고 방송신호는 그대로 HDMI 케이블을 통해 받도록 세팅하면 된다.

트로트가요제가 시작된 후 주로 방송신호를 줌으로 내보냈다. 그러나 가수가 무대에 오르고 내릴 때면 재빨리 웹캠으로 전환해 내가 얼굴을 내밀고 가수를 소개하거나 정보를 전달했다. 한마디로 현장 생중계가 된 셈이다. 나름대로 대본에 없는 MC 효과를 볼 수 있었다.

이 방식을 그대로 쓰면 인터뷰도 가능하다. 노래를 부르고 내려온 가수들을 불러다 웹캠 앞에 세우고 짧은 시간이나마 소감이라든가 궁금한 점을 물어

보면서 중계를 이어나갈 수 있었다. 웹캠이 여러 대 있으면 여러 개를 꽂아서 USB 허브를 통해 얼마든지 앵글을 바꿔가면서 노트북 한 대로 중계방송이 가능하다.

이 방식은 일반 강연에서도 유용하다. 줌 강연을 할 때 웹캠을 동시에 쓴다. 웹캠은 벽에 붙여놓은 주의사항이나 준비물에 고정시키고 노트북 장착 카메라로 강연을 한다. 강연 도중 쉬는 시간에는 다시 웹캠으로 전환해놓는다. 한마디로 카메라 두 대가 있는 생중계가 가능해지는 셈이다.

[5-14] 웹캠을 삼각대에 고정하여 노트북에 연결한 모습

방송신호를 HDMI 케이블로 받아 줌 회의에 사용할 수 있다.
다양한 방송신호는 적절한 컨버터를 사용하면 된다.
웹캠을 사용하면 간단하게 카메라 여러 대를 사용한 효과를 낼 수 있다.

4) 자막 사용하기

강의 중에 중요한 내용을 화면에 적어줄 수는 없을까? 강의나 회의 중에 중요한 내용은 간략하게 요약해서 자막으로 보여주면 참가자들도 들으면서 필기할 수 있고, 듣고 눈으로 보면서 기억하기가 쉽다. 〈선택 자막〉 기능을 활성화하면 외국 영화를 자막으로 읽으면서 보듯이 자료에 없는 내용을 자막으로 볼 수 있다.

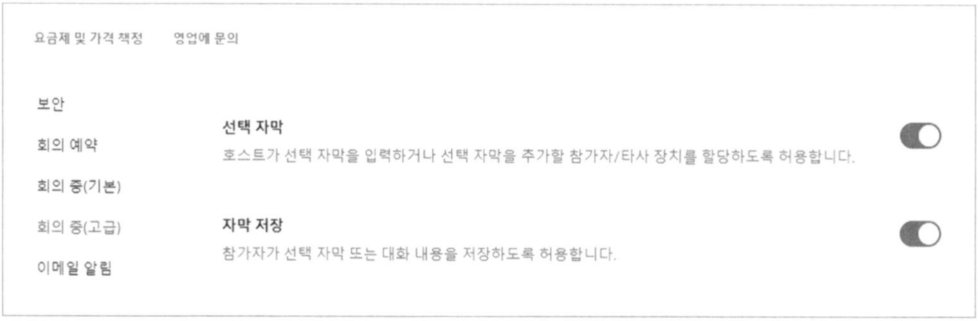

[5-15] <설정>에서 선택 자막 지정

이렇게 회의나 강의 중 주요 내용을 자막으로 보여줄 수 있다. 줌 홈페이지 〈설정〉에서 〈선택 자막〉을 활성화하면 호스트가 선택 자막을 입력하거나 선택 자막을 추가할 참가자에게 입력할 수 있는 권한을 허용한다. 〈자막 저장〉을 활성화하면 참가자가 선택 자막 또는 대화 내용을 저장할 수 있다.

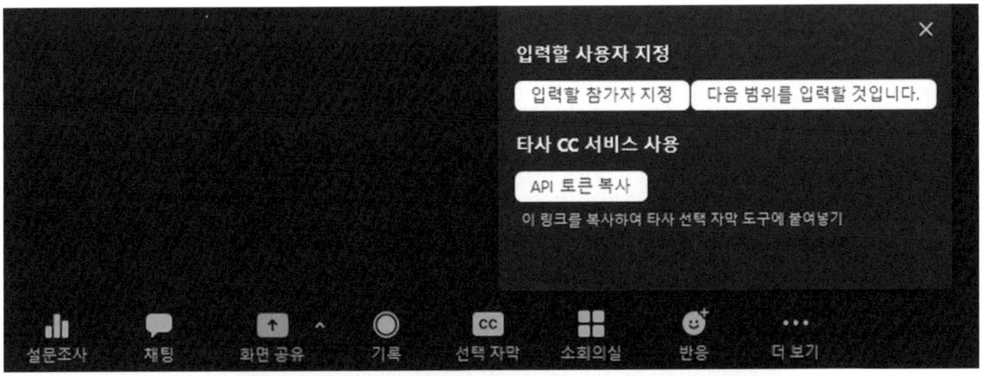

[5-16] 회의 중 자막 넣기(위)

[5-17] 선택 자막 입력 할당(아래)

홈페이지 〈설정〉에서 〈선택 자막〉을 활성화하면 회의실 메뉴에 〈선택 자막〉 메뉴가 생긴다. 입력할 참가자를 지정할 수도 있고 '다음 범위를 입력할 것입니다'에 자막을 넣으면 참가들에게 그 내용이 보인다.

강의에서나 회의 중에 호스트가 자막까지 입력하기는 어려운 일이다. 참가자 중 한 명에게 강의나 회의에서 중요한 내용은 자막으로

[5-18] 자막 입력 참가자 확인

넣어달라고 부탁하고 〈선택 자막〉 입력 권한을 준다.

자막을 입력할 수 있는 권한을 주는 방법은 다음과 같다. 참가자 이름에 마우스를 클릭하면 〈더 보기〉 기능이 나타난다. 〈더 보기〉 기능 중에서 〈선택 자막 입력 할당〉을 클릭해주면 해당 참가자 회의 화면에 〈선택 자막〉 메뉴가 활성화되고 입력할 수 있는 권한이 주어진다.

〈선택 자막〉 권한을 부여하면 이름 옆에 〈CC〉라는 파란색 모양이 나타난다. 참가자들이 여럿이 있을 경우 누구에게 선택 자막 권한이 주어졌는지 알 수 있다. 〈선택 자막〉 권한을 받은 참가자는 강의나 회의 내용을 정리하면서 자막을 제공하는 역할을 한다.

화상회의에서 자막 기능을 유용하게 활용할 수 있다. 현장에서 회의나 강의를 듣다가 내용을 요약해서 볼 수 있다. 줌으로 강의나 회의에 참여하다 보면 눈도 피로하고 머리도 아프다 보니 집중력이 흐트러지기 쉽다. 이런 경우 자막 기능을 활용하면 참가자들이 집중할 수 있다. 강의 내용을 요약해서 정리해줄 때 편리하다.

5) 인강처럼 수업하기 - 파워포인트를 배경으로 공유하기

파워포인트를 배경으로 하고 얼굴을 보이면서 강의나 수업을 하려면 먼저 화면 공유를 선택하고 중간 위에 있는 고급을 누른다. 그리고 좌측에 있는 〈슬라이드를 가상 배경으로〉를 선택한다. 이렇게 하면 우선 가상 배경을 사용하는 것처럼 발표자 뒤의 지저분한 배경을 슬라이드로 깨끗하게 처리할 수 있다. 그리고 설명하고자 하는 슬라이드 내용을 조목조목 짚어가면서 집중도를 높일 수 있다. 선택하려는 파워포인트가 있는 폴더를 찾아 공유하면 우측 하단에 자신의 모습이 나타난다. 자신의 모습이 나오면 위치를 옮기거나 크기를 조정할 수 있다.

[5-19] 〈공유⇨고급⇨슬라이드를 가상 배경으로〉를 선택한다.

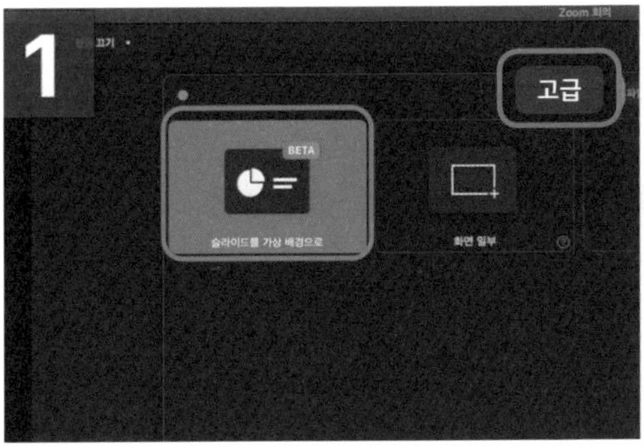

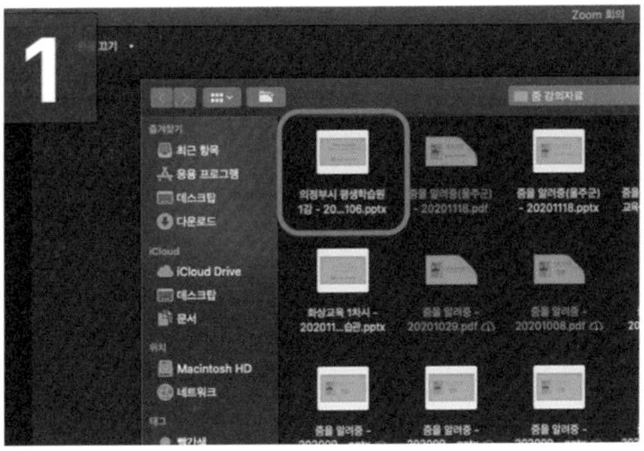

[5-20] 자신의 모습을 파워포인트에 보이게 하면서 셀카 모드 숨기기

슬라이드를 넘기는 방법은 기존 파워포인트의 슬라이드 쇼와 조금 다르다. 중간 하단에 표시된 화살표를 눌러 화면을 앞으로 또

는 뒤로 이동한다.

중간 상단에 셀카 모드 화면이 동시에 나오는데 이를 제거하려면 우측 상단에 있는 〈…〉을 클릭해서 셀카 모드 숨기기를 하면 된다.

6) 실제 악기 연주 방송 시, 오디오 설정하기

줌을 사용하여 학교 수업이나 기업 회의는 충분히 할 수 있다. 점수를 매긴다면 100점 만점에 85점을 줄 수 있다. 하지만 예민한 소리 전달이 필요한 피아노, 바이올린 같은 악기 지도를 줌으로 한다면 몇 점이나 받을 수 있을까? 너그럽게 준다 해도 70점 이상은 넘기 힘들다. 줌 프로그램 자체에 포함된 코덱(Codec)의 성능이 일반 오디오 수준에 못 미치기 때문이다. 줌은 화상회의 전문 프로그램이기 때문에 오디오 재생이 좋을 수 없다.

코덱이란, 코더(coder)와 디코더(decoder)의 합성어다. 음성이나 비디오 데이터를 컴퓨터가 처리할 수 있게 디지털 신호로 바꿔주고, 반대로 디지털 신호를 음성이나 비디오로 바꿔 재생시키는 소프트웨어 정도로 이해하면 된다.

줌에서 지원하는 코덱은 AAC 128Kbps 수준의 음향을 지원한다. 유튜브 음원이 AAC 128Kbps, 일반적 MP3 음원이 192Kbps 이상이다. 이런 점을 볼 때, 줌에서 지원하는 코덱을 저평가할 필요는 없다. 전공 수업은 그렇다 쳐도, 이 정도 품질이면 음악 수업을 무난하게 진행할 수 있다.

AAC는 애플의 아이폰, 아이팟, 아이튠즈에 사용되는 기본 오디오 포맷이다. 소니 플레이스테이션3의 표준 오디오 포맷과 DVD와 같은 MPEG4 비디오의 표준에도 사용된다.

7) 음악 수업을 위한 줌 세팅 ①

앞에서 얘기한 것처럼 줌 프로그램은 화상회의가 주요 목적이다. 원활한 회의 진행을 위해 볼륨 자동 조절, 배경 소음 억제, 에코 활

[5-21] 음악 수업을 하기 위해 오디오 설정에서 〈볼륨 자동 조절〉을 반드시 꺼야 한다.

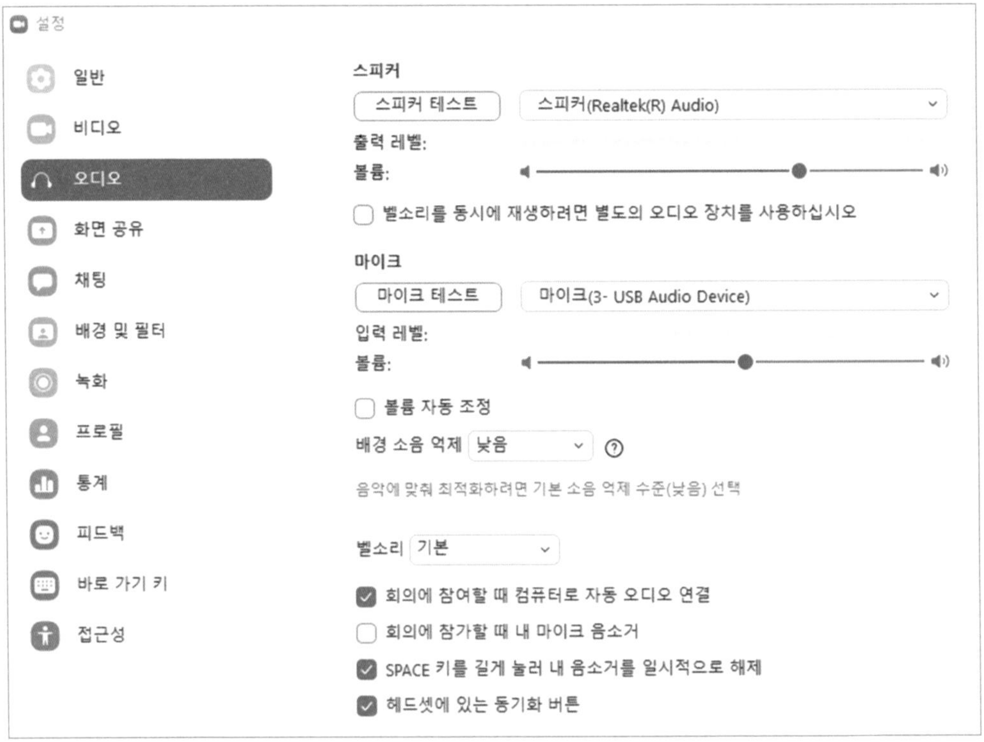

성화 기능은 장점으로 꼽을 수 있지만, 원음 전달이 필요한 음악 수업에는 단점으로 작용한다. 따라서 음악 수업을 하기 위해 줌 세팅을 변경할 필요가 있다.

〈설정 ⇨ 오디오 ⇨ 볼륨 자동 조정〉 선택을 해제하고, 〈설정 ⇨ 오디오 ⇨ 배경 소음 억제〉를 낮음으로 설정한다. 이 설정값은 외부 소음에 따라 소리가 자동으로 높아지고 낮아지는 것을 방지한다.

8) 음악 수업을 위한 줌 세팅 ②

다음은 소리를 원음 그대로 내보내기 위한 설정 방법이다. 〈설정 ⇨ 오디오 ⇨ 고급 ⇨ 에코 취소 비활성화〉, 〈설정 ⇨ 오디오 ⇨ 고급 ⇨ Hi-fi 음악 모드〉, 〈설정 ⇨ 오디오 ⇨ 고급 ⇨ 스테레오

[5-22] 원음 손실을 줄이기 위한 오디오 설정

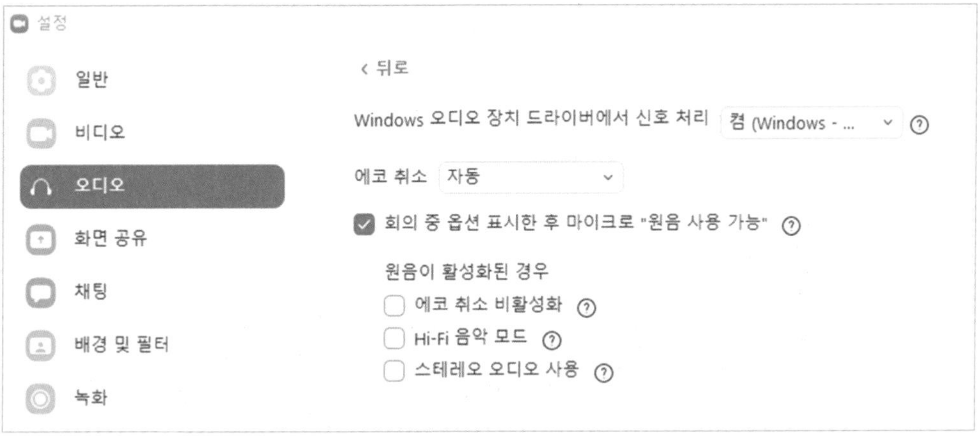

오디오 사용〉을 모두 선택하여 활성화한다.

이 설정으로 고품질 음원을 상대방에게 그대로 보낼 수 있다. 에코 취소 비활성화를 선택하면 주변 상황에 따라 자동으로 소리가 조절되는 기능이 정지된다. Hi-fi 음악 모드와 스테레오 오디오 사용을 선택하면 최고 음질의 음향을 내보낼 수 있다.

이렇게 설정을 끝내고 나면, 자기 모습을 볼 수 있는 줌 화면 좌측 상단에서 〈원음 켜기/원음 끄기〉 메뉴를 선택할 수 있다.

스마트폰에서는 위에서 설명한 여러 설정값을 선택할 수 없고, 〈원음 사용〉 활성화 여부만 선택할 수 있다.

음향에 예민한 음악 수업의 경우, 오디오 설정이 매우 중요하다. 이런 방법으로 오디오를 설정한다면 최고는 아니지만 최선

[5-23] 화면 상단 왼쪽 끝에서 〈원음 켜기/원음 끄기〉를 선택할 수 있다.

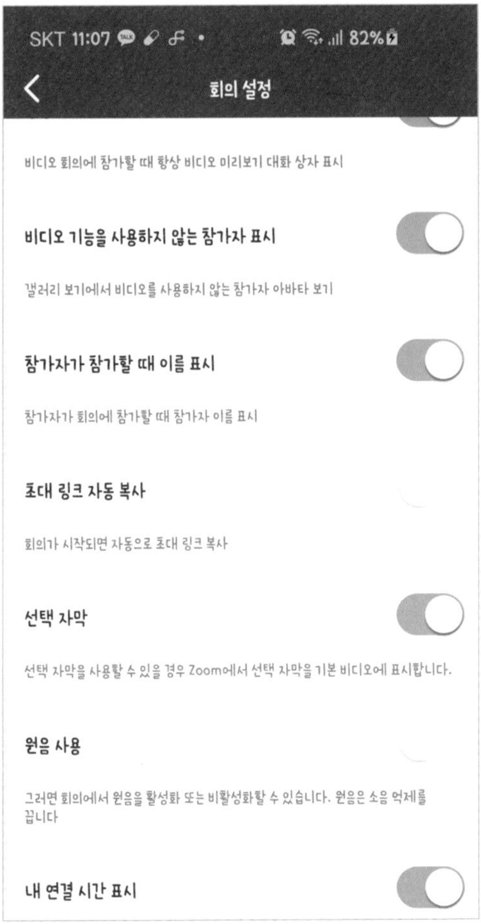
SKT 11:07
82%
회의 설정
비디오 회의에 참가할 때 항상 비디오 미리보기 대화 상자 표시
비디오 기능을 사용하지 않는 참가자 표시
갤러리 보기에서 비디오를 사용하지 않는 참가자 아바타 보기
참가자가 참가할 때 이름 표시
참가자가 회의에 참가할 때 참가자 이름 표시
초대 링크 자동 복사
회의가 시작되면 자동으로 초대 링크 복사
선택 자막
선택 자막을 사용할 수 있을 경우 Zoom에서 선택 자막을 기본 비디오에 표시합니다.
원음 사용
그러면 회의에서 원음을 활성화 또는 비활성화할 수 있습니다. 원음은 소음 억제를 끕니다
내 연결 시간 표시

[5-24] 스마트폰에서 〈원음 켜기/원음 끄기〉를 선택할 수 있다.

은 될 수 있다. 실제 음악학원에서 이런 식으로 세팅하여 음악 수업을 진행하고 있다.

02

줌으로 모바일미술 영역 무한 확장

1) 비대면 시대의 미술

코로나19는 산업 지형을 크게 바꿔가고 있다. 앞으로 미술 영역도 크게 변화할 것으로 전망된다.

첫째, 대면 활동이 적은 디지털미술이 활성화될 것이다.
둘째, 디지털미술 중에서도 누구나 손에 들고 다니는 스마트폰이나 태블릿에 그림을 그리고 활용할 수 있는 모바일미술이 크게 발전할 것이다.
셋째, 모바일미술의 발전으로 미술 분야 지형이 크게 바뀔 것이다.

모바일미술이란 물감이나 붓을 사용하지 않고, 우리가 들고 다니는 모바일(스마트폰이나 태블릿 PC)기기에 그림 앱을 다운로드받아 그림을 그리고 활용하는 미술이다. 누구나 손에 들고 다니는 모바일에 그릴 수 있어 좋은 점이 많다.

첫째, 그림 도구에 접근이 쉽다.
둘째, 여러 가지 좋은 그림 앱이 있다.
셋째, 넓은 작업 공간이 필요하지 않다.
넷째, 작업도구인 모바일기기를 가지고 자유롭게 이동할 수 있다.
다섯째, 그림을 건조할 필요가 없어 작업 시간을 절약할 수 있다.
여섯째, 여러 가지 디지털 도구(툴)를 다양하게 사용할 수 있다.
일곱째, 쉽게 변형시킬 수 있고, 필요한 만큼 복제가 가능하다.
아홉째, 즉시 디지털 전송 및 활용이 가능하다.

경험한 바와 같이 코로나19로 인하여 많은 오프라인 강의나 강좌가 중단되었다. 미술 분야도 예외가 아니다. 일부는 온라인으로 전환되고 있는데 이때 줌이 많이 활용되고 있다.
필자는 서울 J중학교를 비롯해 자유학년제 및 일반 성인을 대상으로 온라인 모바일미술 강의를 진행하면서 줌을 활용하고 있다.
줌의 기록(녹화) 기능을 이용하여 그림을 그리는 동영상을 자료로 활용한다. 줌 화상 대면으로 쌍방향 수업을 한다.

줌은 모바일미술의 영역을 무한히 확장할 수 있게 도와준다.
첫째, 모바일미술 강의 시, 지정된 강의실이 요구되지 않는다.
기존의 강의실을 벗어나 개인의 서재에서 가상 배경을 사용하여 멋진 배경에서 강의할 수 있다. 나아가 스케치 현장에서 실제 현장을 배경 삼아, 웹캠을 활용하여 수강자에게 대상 풍경을 보여주며 실감 나게 강의를 진행할 수 있다. 한마디로 움직이는 교실이

되는 셈이다.

둘째, 수강자는 공간을 초월해 참여할 수 있다.

종전에는 대면 수업이 불가피해 정해진 시간에 정해진 장소에서만 수업할 수 있었다. 실제 제주 · 목포 · 대전에서 서울까지 오가며 모바일미술 강좌에 참여한 수강생도 있다. 이제는 줌으로 정해진 시간에 전국 어느 곳에서나 참여할 수 있다. 물론 해외에서도 가능하다.

줌으로 모바일미술 강좌를 진행해보니 강사인 필자는 물론 참여자들도 만족할 만한 성과를 얻고 있다.

2) 줌을 활용한 수업 및 강좌 실전

① 강의 준비

강사는 화상 대면할 노트북이나 데스크톱(이하 노트북으로 표시)과 모바일그림 시연을 보일 태블릿 PC가 필요하다. 데스크톱은 웹캠을 장착해야 화상 대면이 가능하다. 수강생은 화상 대면할 노트북(데스크톱 또는 스마트폰) 및 모바일그림을 실습할 태블릿 PC 또는 스마트폰(이하 모바일기기로 칭함)이 필요하다. 모바일그림을 실습할 모바일은 자체에 터치펜이 부착된 게 아주 편리하다. 별도의 터치펜을 구입하려면 사양에 적정한 펜을 구하기가 어렵다. 또한 초보자가 실습할 모바일은 국산을 사용하는 것도 유리하다. 국산은 앱 기능 등 설명에서 한글 지원이 많은 반면, 외국산은 한글 지원이 없는 경우가 많아 초보자가 이용하기에 불편할 수 있기 때문이다.

예시 : 스마트화가 정병길이(가) 예약된 Zoom 회의에 귀하를 초대합니다.
주제 : Zoom Meeting Invitation - 스마트화가 정병길 님의 Zoom 회의
시간 : 2020년 12월 2일 06:00 오후, 서울

Zoom 회의 참가
https://us02web.zoom.us/j/6084278186?pwd=K0NaNDBWWVpvQ
3gyenlxb1BDWkdadz09
회의 ID: 608 427 ****
암호: *****

② 강의 진행

강사는 회의 예약을 하고 링크를 수강생에게 카톡 등 SNS로 전달한다. 그리고 예정된 시간에 노트북으로 예약된 회의를 시작한다. 이때 시연을 보일 강사는 모바일기기 줌에 로그인하지 않은 상태에서 예약된 링크에 참가로 연결한다. 모바일기기 줌에서 로그인을 하게 되면 노트북의 줌이 로그아웃되는 등 충돌 현상을 빚는다. 이어 화면 공유로 노트북의 자료를 활용하여 강의를 진행하거나, 태블릿 PC의 화면 공유로 모바일그림 앱을 가동시켜 시연을 보이며 쌍방향 대화를 통해 강의를 진행한다. 수강생은 화상 대면할 노트북으로 예약된 링크에 참가하여 화상 대면으로 수강하면서 모바일기기로 실습하면 된다.

[5-25] 제주 광치기해변에서 줌을 활용한 모바일미술 번개 강좌를 개최하고 있다.(위)

[5-26] 필자 본인이 그린 모바일그림을 가상 배경으로 하여 줌 모바일미술 화상강좌를 진행하고 있다.(아래)

③ 강의 장소

줌을 이용한 모바일미술 수업의 장점은 강의 장소에 거의 구애를 받지 않는다는 것이다. 유화나 수채화 등 시연 강의는 그림 그리는 장면을 별도로 촬영해야 하기 때문에 각종 도구가 갖추어진 공간이 필요하다. 그러나 모바일미술은 모바일기기에 시연하는 화면이 실시간으로 줌의 화면으로 공유되기 때문에 노트북과 모바일기기를 갖추고 소음이 없는 공간이면 어디서나 가능하다. 강의하는 장소를 보이지 않게 하고 싶으면 가상 배경을 활용하면 된다.

온라인으로 강의하는 줌의 특성상 노트북과 모바일기기의 안정적인 인터넷 연결은 필수다. 와이파이를 이용하면 가장 좋겠지만 와이파이가 설치되지 않은 곳에서는 무선 데이터 또는 스마트폰의 모바일 핫스팟 및 테더링을 이용하면 된다. 야외에서 진행 시 얘깃거리와 볼거리를 제공하여 좀 더 재미있는 강의와 흥미를 유발할 수 있다. 실제로 J중학교 자유학년제 모바일미술 수업 시간에 가능한 한 역사 현장이나 관광 명소 등 학습에 도움이 될 수 있는 야외

[5-27] J중학교 자유학년제 모바일미술 수업을 고양시 벽제관 터에서 진행하고 있다.

[5-28] 줌 화면 중 강사의 배경은 실제 배경이다.

에서 진행하고 있다. 역사 현장 및 관관 명소에 관한 얘기를 주고받으며 진행하는 수업은 실내 가상 배경 환경에서보다 집중도나 호응이 큰 편이다.

야외 현장에서 참가자들과 함께 그릴 풍경을 공유하며 진행할 수 있다. 강사는 웹캠을 노트북에 연결하여 풍경을 제공하면 된다. 이

[5-29] 전국 각지의 참가자들이 현장 풍경을 공유하여 스케치하며 강좌에 참여하고 있다.

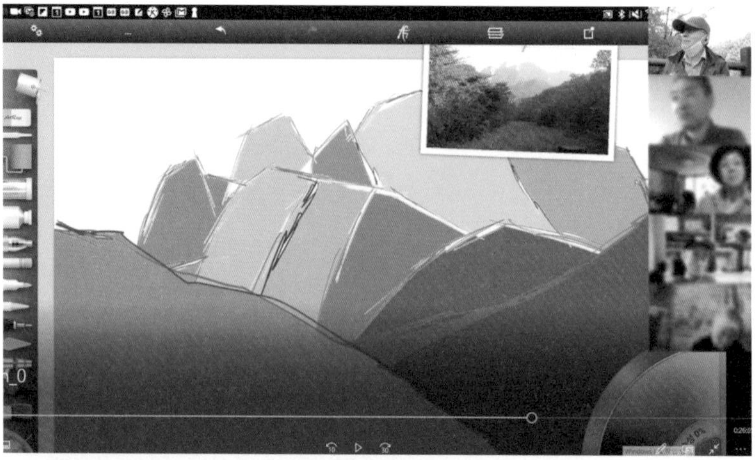

[5-30] 필자가 현장 스케치하여 그린 북한산의 가을 풍경 모바일그림

때 강사의 가상 배경이 None 상태가 되어야 웹캠의 화면이 선명하게 전달된다.

줌의 최대 장점 중 하나는 참가자 또한 어느 장소에서나 참여가 가능하다는 점이다. 전국 어디에서나 나아가 세계 어디에서나 참여할 수 있다. 즉 강사는 풍경이 좋은 현장에서 직접 스케치할 수 있고, 참가자는 굳이 현장에 있지 않더라도 어디에서나 좋은

[5-31] 전국 각지에서 줌으로 화상 공유하며 스케치한 작품들

고양 정무영 작가

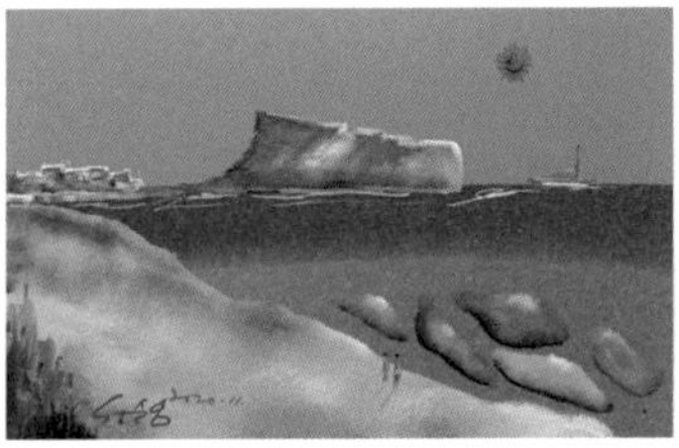

대전 성순임 작가

대전 임명혁 작가

광주 이한규 작가

제주 문창규 작가

제주 고수향 작가

풍경을 공유하며 그림을 그릴 수 있다.

줌을 이용한 야외 방송을 통해 다양한 풍경을 제공한 덕분에 전국 각지에서 줌으로 참여한 작가들의 모바일그림의 주제가 더욱 다양하고 풍부하게 창작되고 있다. 참여 화가들은 화면으로 현장을 보면서 그리니 생동감을 느낀다는 소감을 말하기도 했다.

[5-32] 줌으로 수업한 모바일 미술 결과물들

〈ZOOM모바일미술 신세대미술단〉
제1기 출정
초보부터 프로화가까지 〈ZOOM모바일미술 신세대미술단〉이 새 미술 영역을 개척해 갑니다.
줌으로 10회 수업하면서 모바일 아트레이지(앱)로 창작한 작품들입니다.
모바일미술을 줌에 실어 또 하나의 예술 세계를 열어갑니다.
줌 모바일미술 강좌 주관 : K1스마트화가 정병길 / 010-9220-2561 / bgil21@naver.com

3) 줌 모바일그림의 결과물

[5-32]의 그림은 모바일미술 과정을 10회(1회 90분) 운영한 결과물이다. 줌으로 강의를 진행하면서 강의의 내용이나 뜻이 제대로 전달이 될까 하고 매우 걱정을 하였으나 오프라인 강의 못지않은 결과를 얻고 있어 한편으로 다행스럽다. 참가자들이 만족해하고 강

사인 필자도 줌으로 처음 모바일미술 수업을 시작할 때보다 기대 이상이다.

갈수록 모바일아티스트가 늘어나고 있다. 개인전을 비롯해 활동 범위도 넓어져 모바일그림이 표지화로 뜨기도 하는 등 여기저기 쓰임새가 커지고 있다. 코로나19로 어려운 상황에도 좌절하지 않고 줌으로 돌파구를 찾은 덕분에 오히려 줌이란 날개를 달고 훨훨 날아갈 수 있게 되었다. 바야흐로 모바일미술의 시대가 열리고 있다.

부록

1 줌 설정의 모든 것
2 단축키 외워서 활용하기

01 줌 설정의 모든 것

"소회의실을 운영하고 싶은데 메뉴에서 찾을 수가 없습니다. 어떻게 해야 하는지 도와주세요."
"학교에서 강사를 초빙해서 특강 프로그램을 진행하려고 합니다. 제 줌 아이디로 접속해서 강사님이 제 회의실에서 강의하게 하려는데 방법을 모르겠어요."

일단 줌을 다운로드받아 설치하고 회원 가입을 한다. 호스트가 되어 회의나 강의를 시작하기 전에 살펴봐야 할 것이 있다. 줌 홈페이지 〈설정〉에서 호스트가 진행할 강의나 화상회의 환경에 맞게 설정을 해줘야 한다. 회원 가입을 하면 자동적으로 설정해주지만 〈소회의실〉, 〈공동 호스트 지정〉 등 일부 메뉴는 활성화를 시켜줘야 사용할 수 있다.
〈설정〉에는 보완, 회의 예약, 회의 중(기본), 회의 중(고급), 이메일 알림, 기타 기능이 있다. 회원 가입을 하면 기본적으로 설정이 되어 있는 경우도 있고 호스트가 필요한 기능을 사용할 수 있도록

zoom
솔루션
요금제 및 가격 책정
영업에 문의
웨비나
기록
설정
관리자
사용자 관리
회의실 관리
계정 관리
Advanced
라이브 교육에 참석
비디오 자습서
기술 자료
보안
회의 예약
회의 중(기본)
회의 중(고급)
이메일 알림
기타
대기실
참가자가 회의에 참가하는 경우 대기실에 두고 호스트가 참가자를 개별적으로 수락하도록 합니다. 대기실을 활성화하면 참가자가 호스트보다 먼저 참가하도록 허용하는 설정이 자동으로 비활성화됩니다.
대기실 옵션
여기에서 선택한 옵션은 '대기실'을 켠 사용자가 호스팅하는 회의에 적용됩니다
✓ 모두 will go in the waiting room
Edit Options
Customize Waiting Room
회의 암호
사용자가 클라이언트, 전화 또는 회의실 시스템을 통해 참가할 수 있는 모든 즉석 회의 및 예약된 회의는 암호로 보호됩니다.
PMI(개인 회의 ID) 암호
사용자가 클라이언트, 전화 또는 회의실 시스템을 통해 참가할 수 있는 모든 PMI(개인 회의 ID) 회의는 암호로 보호됩니다.
Passcode: ****** Show 편집

설정할 수도 있다. 설정은 활용 빈도가 높아서 중요한 기능 위주로 설명하겠다.

〈대기실〉은 참가자가 회의에 참여할 때 대기실에 두고 호스트가 참가자를 개별적으로 수락하는 기능이다. 대기실 기능이 활성화되면 참가자를 선별하여 참가시킬 수 있고, 비활성화되면 호스트 수락 없이 회의에 참여할 수 있다. 중요한 회의나 강좌일 때는 〈대기실〉 기능을 활용하면 유용하다. 필자가 학교에서 수업하는 중에 일반인들이 대기실로 들어오는 경우가 있었다. 이런 경우 대기실 기능이 없었다면 학생들만 들어야 하는 수업에 일반 성인이 입장하게 된다.

〈회의 암호〉는 사용자가 참가하는 모든 회의나 예약된 회의를 암호로 보호해주는 기능이다. 홈페이지 설정에서 재설정할 수 있고, 보안이 필요한 회의나 강의에는 반드시 회의 암호를 활성화시켜

야 한다.

〈PMI(개인 회의 ID) 암호〉는 모든 개인 ID를 암호로 보호한다. 이 기능은 자동으로 설정된다. 다만 〈passcode **** show 편집〉에서 〈편집〉을 클릭하면 PMI 개인 암호를 변경할 수 있다. 회의나 강의를 반복해서 열 때는 잦은 암호 변경이 참가자들에게 혼란을 줄 수 있으므로 필요한 경우에만 활용한다.

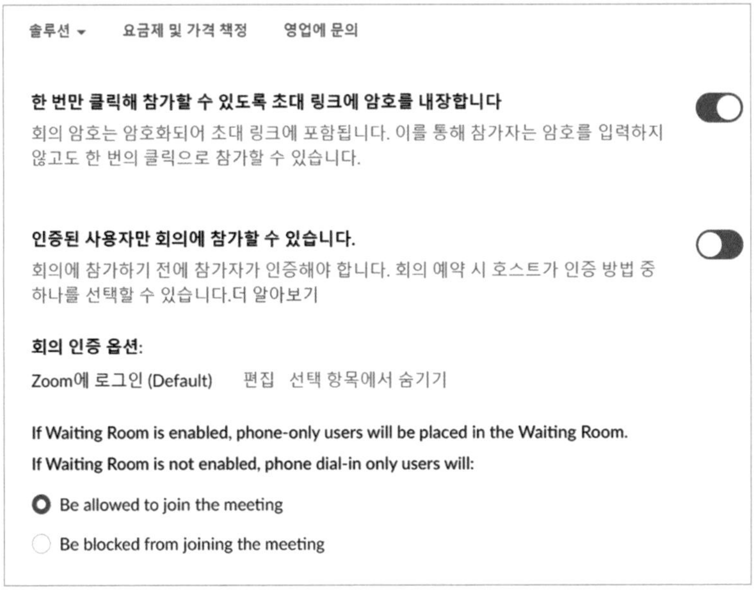
솔루션
요금제 및 가격 책정
영업에 문의
한 번만 클릭해 참가할 수 있도록 초대 링크에 암호를 내장합니다
회의 암호는 암호화되어 초대 링크에 포함됩니다. 이를 통해 참가자는 암호를 입력하지 않고도 한 번의 클릭으로 참가할 수 있습니다.
인증된 사용자만 회의에 참가할 수 있습니다.
회의에 참가하기 전에 참가자가 인증해야 합니다. 회의 예약 시 호스트가 인증 방법 중 하나를 선택할 수 있습니다.더 알아보기
회의 인증 옵션:
Zoom에 로그인 (Default)
편집
선택 항목에서 숨기기
If Waiting Room is enabled, phone-only users will be placed in the Waiting Room.
If Waiting Room is not enabled, phone dial-in only users will:
Be allowed to join the meeting
Be blocked from joining the meeting

호스트가 회의 초대 링크를 보냈을 경우 참가자가 링크를 클릭했는데도 회의에 참가하지 못하는 일이 종종 발생한다. 스마트폰인 경우 기종에 따라 참가하지 못하기도 하지만 줌 홈페이지 설정에서 〈한 번만 클릭해 참가할 수 있도록 초대 링크에 암호를 내장합니다〉를 비활성화했을 때 참가할 수 없기도 한다. 이 기능을 활성

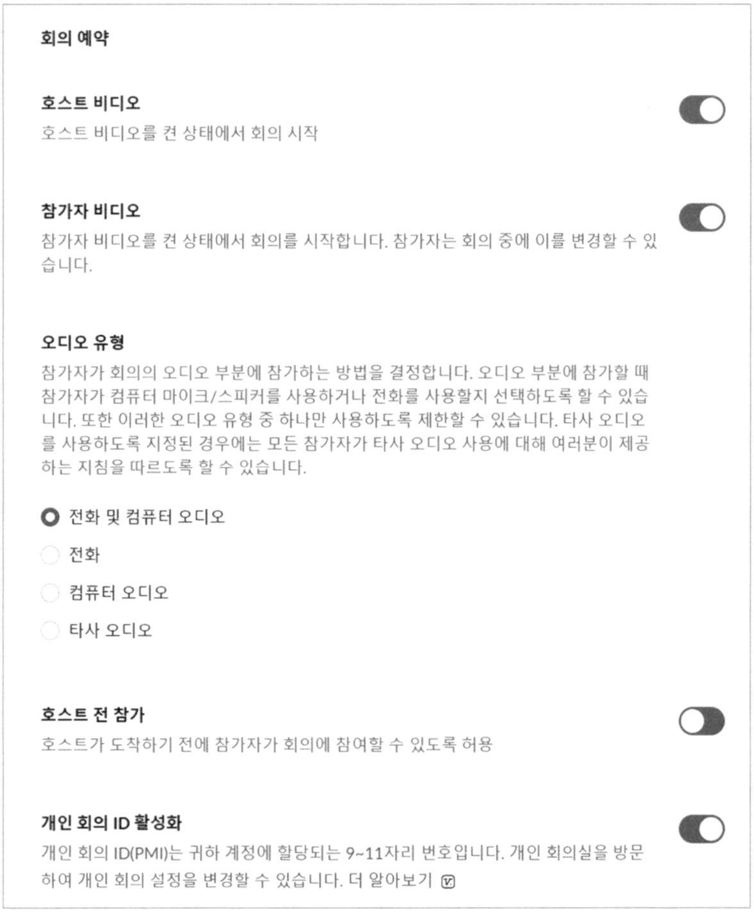
회의 예약
호스트 비디오
호스트 비디오를 켠 상태에서 회의 시작
참가자 비디오
참가자 비디오를 켠 상태에서 회의를 시작합니다. 참가자는 회의 중에 이를 변경할 수 있습니다.
오디오 유형
참가자가 회의의 오디오 부분에 참가하는 방법을 결정합니다. 오디오 부분에 참가할 때 참가자가 컴퓨터 마이크/스피커를 사용하거나 전화를 사용할지 선택하도록 할 수 있습니다. 또한 이러한 오디오 유형 중 하나만 사용하도록 제한할 수 있습니다. 타사 오디오를 사용하도록 지정된 경우에는 모든 참가자가 타사 오디오 사용에 대해 여러분이 제공하는 지침을 따르도록 할 수 있습니다.
전화 및 컴퓨터 오디오
전화
컴퓨터 오디오
타사 오디오
호스트 전 참가
호스트가 도착하기 전에 참가자가 회의에 참여할 수 있도록 허용
개인 회의 ID 활성화
개인 회의 ID(PMI)는 귀하 계정에 할당되는 9~11자리 번호입니다. 개인 회의실을 방문하여 개인 회의 설정을 변경할 수 있습니다. 더 알아보기

화하면 쉽게 링크를 클릭해서 회의에 참가할 수 있다.

〈인증된 사용자만 회의에 참가할 수 있습니다〉라는 인증 프로필을 통해 호스트는 회의 참가자를 제한할 수 있다. 참가자 목록을 확인된 사용자 또는 특정 조직의 사용자로 제한할 때 유용하다.

〈호스트〉나 〈참가자〉는 회의에 참여할 경우 비디오를 켠 상태에서 참여할 수 있도록 설정할 수 있다. 회의 중에도 비디오를 켜거

나 끌 수 있다.

〈호스트 전 참가〉는 예약된 회의에서 호스트가 회의에 참가하기 전에 참가자가 먼저 참가할 수 있게 하는 기능이다. 호스트가 회의를 열기 전에는 누구도 참가하지 못하도록 하려면 이 기능을 비활성화하면 된다.

〈개인 회의 ID 활성화〉는 개인 회의 ID와 개인 링크는 개인 회의실에 입장하기 위한 방법이다. 개인 회의실은 영구적으로 예약된 가상 회의실이며, 언제든지 회의를 시작하거나 나중에 할 수 있도록 예약할 수 있다.

호스트가 항상 고유한 회의 ID를 생성해야 할 경우 PMI를 비활

솔루션
요금제 및 가격 책정
영업에 문의
회의 예약
회의 참가
회의 중(기본)
타사 엔드포인트(SIP/H.323)에 암호화가 필요합니다
기본적으로 Zoom에서는 Zoom 클라우드, Zoom 클라이언트와 Zoom Room 간에 전달되는 모든 데이터에 대해 암호화를 요구합니다. 타사 엔드포인트(SIP/H.323)에 대해서도 암호화를 요구하려면 이 설정을 켜세요.
채팅
회의 참가자가 모든 참가자에게 보이는 메시지를 보낼 수 있도록 허용합니다.
참가자가 채팅을 저장하지 못하도록 방지
비공개 채팅
회의 참가자가 다른 참가자에게 비공개 1:1 메시지를 보내도록 허용합니다.
채팅 자동 저장
회의가 시작된 후 호스트가 채팅 텍스트를 수동으로 저장할 필요가 없도록 모든 회의 중 채팅을 자동으로 저장합니다.

성화할 수도 있다. 개인 회의 ID 활성화 설정을 비활성화하고 잠그면 호스트는 PMI를 사용하여 이전에 예약된 회의를 편집하여 회의 ID를 업데이트해야 한다. 회의 ID를 업데이트한 후 회의 참가자에게 초대 링크를 다시 보내야 한다. 회의나 강의할 때마다 개인 회의 ID가 변경되지 않도록 주의한다.

〈채팅〉은 강의나 회의 중 참가자들에게 보내는 메시지다. 이 기능을 활성화하면 모든 참가자가 채팅창에 사진, 파일, 글 등을 올릴 수 있다. 호스트만 메시지를 전달하고 참가자들은 메시지를 입력하지 못하게 하려면 비활성화하면 된다. 〈채팅〉 기능은 쌍방향 온라인 강의나 회의 중 모든 참가자가 소통할 수 있는 공간이다. 그러므로 활성화하는 것이 편리하다. 〈참가자가 채팅을 저장하지 못하도록 방지〉를 활성화하면 참가자들은 회의 내용을 저장하지 못한다.

〈비공개 채팅〉은 다른 참가자들이 보지 못하도록 참가자들끼리 채팅할 수 있는 기능이다. 〈비공개 채팅〉을 활성화하면 모든 참가자가 비밀 메시지를 보낼 수 있고, 비활성화하면 호스트는 참가자를 지정하여 메시지를 전달하지만 참가자들은 비공개로 메시지를 전달할 수 없다. 오프라인 강의나 회의에서 잡담을 못 하게 하듯이 이 기능을 비활성화하면 비공개로 참가자들이 이야기를 주고받을 수 없게 된다. 학생들을 대상으로 하는 강의에서는 이 기능을 활용해야 강사 모르게 학생들끼리 수업 이외의 잡담을 할 수 없게 된다.

〈채팅 자동 저장〉은 강의나 회의 중 호스트가 수동으로 채팅 내용

솔루션 ▾
요금제 및 가격 책정
영업에 문의
회의 예약
회의 참가
누군가 참가하거나 나갈 때 소리로 알림
파일 전송
호스트와 참가자는 회의 중 채팅을 통해 파일을 보낼 수 있습니다.
지정된 파일 형식만 허용
Maximum file size
Zoom에 피드백 보내기
Windows 설정 또는 Mac 환경 설정 대화상자에 피드백 탭을 추가하여 사용자가 회의 종료 시 Zoom에 피드백을 제공할 수 있도록 합니다.
회의 종료 시 경험 피드백 설문조사 표시
각 회의 종료 시 만족/불만족 설문조사를 표시합니다. 참가자가 불만족이라고 응답하면 참가자는 문제가 있었던 부분에 대한 추가 정보를 제공할 수 있습니다.

을 저장할 필요 없이 모든 회의가 종료되면 자동으로 지정된 폴더에 저장할 수 있는 기능이다. 이 기능은 항상 활성화를 해놓는 것이 편리하다. 강의 중 질의응답이나 학생들의 발표 내용 그리고 회의 내용 중에 주고받은 메시지들이 자동으로 저장되기 때문에 회의 종료 후에도 다시 볼 수 있다. 호스트와 공동 호스트의 컴퓨터에 저장된다.

참가자들이 회의실에 입장하거나 나가는 경우, 누가 입장하고 나갔는지 확인이 필요하면 〈누군가 참가하거나 나갈 때 소리로 알림〉을 활성화하면 된다. 온라인 회의 특성상 참가자들이 입장하고 나가는 것이 자유롭다. 활성화하면 회의를 방해하는 소음들이 발생할 수 있음으로 비활성화하는 것을 추천한다.

〈파일 전송〉은 호스트와 참가자가 강의나 회의 중에 파일을 보낼 수 있는 기능이다. 필자는 강의 중 활동지를 파일로 보내고 학생들은 활동지를 작성한 후 필자에게 파일로 보낸다. 활성화시켜놓고 강의나 회의를 하면 유용하다.

〈줌에 피드백 보내기〉를 활성화하면 〈회의 종료 시 경험 피드백 설문조사 표시〉 기능이 활성화된다. 이 기능은 줌 회의가 종료됐을 경우 〈만족〉, 〈불만족〉을 표시하게 하는 기능이다. 줌 본사에서 사용자들의 의견을 듣고자 만든 기능이다.

〈공동 호스트〉는 호스트가 회의나 강의를 같이 운영하고자 할 경우 공동 호스트를 지정할 수 있다. 유료 계정일 때만 〈공동 호스트〉 기능을 사용할 수 있다.

〈폴링〉은 호스트가 강의나 회의 시작하기 전 혹은 종료 후 참가자들에게 만족도 조사 등 설문조사를 할 수 있는 기능이다. 이 기능도 유료 계정일 때만 사용할 수 있다.

솔루션
요금제 및 가격 책정
영업에 문의
회의 예약
회의 참가
공동 호스트
호스트가 공동 호스트를 추할 수 있도록 합니다. 공동 호스트는 호스트와 동일한 회의 중 컨트롤을 사용할 수 있습니다.
폴링
회의 컨트롤에 '설문조사'를 추가합니다. 그러면 호스트가 참석자에 대한 설문조사를 진행할 수 있습니다.
회의 컨트롤 도구 모음 항상 표시
회의 중에 항상 회의 컨트롤 표시
화면 공유 중에 Zoom 창 표시

〈회의 컨트롤 도구 모음 항상 표시〉 기능을 활성화해놓으면 강의나 회의 중에 다양한 기능을 활용할 수 있게 도구들을 표시해준다. 〈화면 공유 중에 줌 창 표시〉는 호스트의 메인 줌 창 모습을 참가자들이 볼 수 있는 기능이다. 강의나 회의 중에 공유할 것이 많을 때 이 기능을 활성화하면 도움이 된다.

〈화면 공유〉는 호스트나 참가자가 강의나 회의 중에 화면이나 다양한 콘텐츠를 공유할 수 있도록 허용하는 기능이다. 호스트가 강의나 회의를 시작하면 다른 참가자들은 화면을 공유할 수 없다. 〈설정〉에서 누가 공유할 것인지 또는 공유를 시작할 것인지 지정해줘야 한다. 호스트만 공유할 수 있게 지정하고 강의나 회

솔루션
요금제 및 가격 책정
영업에 문의
회의 예약
회의 참가
화면 공유
호스트와 참가자가 회의 중에 화면이나 콘텐츠를 공유할 수 있도록 허용합니다.
누가 공유할 수 있습니까?
호스트만
모든 참가자
다른 누군가가 공유 중인 경우 누가 공유를 시작할 수 있나요?
호스트만
모든 참가자
사용자에 대해 데스크톱/화면 공유 비활성화
회의에서 데스크톱 또는 화면 공유를 비활성화하고 선택한 애플리케이션 공유만 허용합니다.
주석
호스트 및 참가자가 주석 도구를 사용하여 공유 화면에 정보를 추가하도록 허용합니다.
주석과 함께 공유 화면 저장 허용

솔루션
요금제 및 가격 책정
영업에 문의
회의 예약
회의 참가
화이트보드
호스트와 참가자가 회의 중 화이트보드를 공유하도록 허용
화이트보드 콘텐츠 저장 허용
공유 중지 시 화이트보드 내용을 자동으로 저장합니다.
원격 제어
화면 공유 중에 다른 사용자가 공유 콘텐츠를 제어할 수 있도록 허용
음성 이외 피드백
회의 참가자는 음성 이외 피드백을 제공할 수 있는데, 참가자 패널에서 아이콘을 클릭하여 의사를 표시할 수 있습니다.
회의 반응
회의 참가자가 비디오에 표시되는 이모티콘으로 반응을 표시하여 중단 없이 의사소통할 수 있습니다. 반응은 10초 후에 사라집니다. 참가자는 설정에서 반응 피부색을 변경할 수 있습니다.

의 중에 참가자들이 공유할 수 있도록 지정해주는 방법이 유용하다. 모든 참가자들에게 공유할 수 있도록 설정하면, 회의나 강의에 방해를 받을 수 있기 때문이다.

〈주석〉은 호스트 및 참가자가 주석 도구를 활용하여 공유 화면에 글이나 그림 등으로 표현할 수 있도록 허용하는 기능이다. 〈설정〉에서 활성화하고 줌 회의 공유 시 참가자들의 주석 기능을 제한할 수 있다. 주석 기능과 함께 공유 화면을 저장하게 허용할 수도 있고, 공유 중인 사용자만 주석을 달 수 있도록 허용할 수도 있다.

〈화이트보드〉는 호스트와 참가자가 강의나 회의 중에 화이트보드를 공유하도록 허용하는 기능이다. 〈공유〉가 중지되었을 경우 화

이트보드 내용이 자동으로 저장되게 할 수 있다. 회의 중 화이트보드에서 활동했던 자료들을 컴퓨터에 저장하고 싶다면 하위 메뉴인 〈화이트보드 콘텐츠 저장 허용〉과 〈공유 중지 시 화이트보드 내용을 자동으로 저장합니다〉를 활성화시키면 된다.

〈원격 제어〉는 화면 공유 중에 다른 사용자가 공동 콘텐츠를 제어할 수 있도록 허용하는 기능이다.

〈회의 반응〉은 강의나 회의 중에 참가자들이 이모티콘으로 반응을 표시하는 기능이다. 박수를 쳐야 하는 경우, 회의를 중단하지 않고도 〈반응〉 기능을 활용하면 된다. 〈반응〉은 10초 후에 사라지며 참가자는 〈설정〉에서 반응의 색깔을 지정할 수 있다. 온라인 화상회의 특성상 박수 치며 박장대소 할 수는 없다. 호스트의 강의나 회의 내용에 적절하게 온라인에서 자신의 의견을 이모티콘으로 표현할 수 있는 기능이다.

대기실이나 회의 중 참가자를 제거하면 제거된 참가자는 다시 회

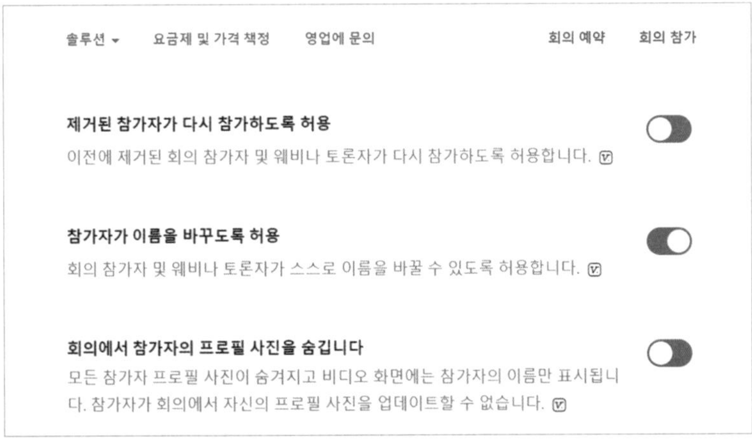
솔루션
요금제 및 가격 책정
영업에 문의
회의 예약
회의 참가
제거된 참가자가 다시 참가하도록 허용
이전에 제거된 회의 참가자 및 웨비나 토론자가 다시 참가하도록 허용합니다.
참가자가 이름을 바꾸도록 허용
회의 참가자 및 웨비나 토론자가 스스로 이름을 바꿀 수 있도록 허용합니다.
회의에서 참가자의 프로필 사진을 숨깁니다
모든 참가자 프로필 사진이 숨겨지고 비디오 화면에는 참가자의 이름만 표시됩니다. 참가자가 회의에서 자신의 프로필 사진을 업데이트할 수 없습니다.

의나 수업에 참여할 수 없다. 대상자가 아니라면 제거해야 하지만 실수로 제거했을 경우, 제거된 참가자가 다시 회의에 참가할 수 있도록 허용하는 기능이 〈제거된 참가자가 다시 참가하도록 허용〉이다. 비활성화를 하면 똑같은 회의에 참가할 수 없고, 활성화하면 다시 참가할 수 있다. 필자는 학생 대상의 온라인 강의 중에 일반인들이 가끔 대기실에 들어오면 제거한다. 수업 때마다 제거해야 하는 불편함을 줄이기 위해 이 기능을 비활성화한다. 회의나 강의 성격에 맞게 운영하면 된다.

〈참가자가 이름을 바꾸도록 허용〉은 호스트나 참가자들이 스스로 자신의 이름을 변경할 수 있도록 허용하는 기능이다. 줌 홈페이지 프로필에서 이름을 변경하지 않고 회의에 참가했을 경우 본인의 노트북, 스마트폰 이름 또는 성과 이름이 (원배 김) 바뀌어 나타난다. 이런 경우 참가자가 스스로 (김원배) 이름을 변경할 수 있다.

〈회의에서 참가자의 프로필 사진을 숨깁니다〉 기능을 활성화하면 모든 참가자의 프로필 사진이 숨겨지고 비디오 화면에는 참가자 이름만 표시된다. 또한 참가자는 회의에서 자신의 프로필 사진을 업데이트할 수 없다. 쌍방향 온라인 강의나 회의의 특성상 이 기능을 비활성화해야 회의와 수업 진행이 원활하다.

〈소회의실〉은 호스트가 모둠 활동이나 그룹별 토의토론이 필요한 경우 소회의실을 만들어서 운영하는 기능이다. 줌 홈페이지 설정에서 〈소회의실〉 기능을 활성화해야지 회의실 메뉴에 나타난다.

〈원격 지원〉은 호스트가 다른 참가자에게 일대일로 원격 지원을 제공하도록 허용하는 기능이다. 이 기능은 될 수 있으면 비활성화

솔루션 ▾
요금제 및 가격 책정
영업에 문의
회의 예약
회의 참가
회의 중(고급)
Zoom에 참가자 보고
호스트는 검토를 위해 Zoom의 신뢰 및 안전 팀에 부적절한 행동에 대해 회의 참가자를 보고할 수 있습니다. 이 설정은 회의 컨트롤 도구 모음의 보안 아이콘에서 찾을 수 있습니다.
소회의실
호스트가 회의 참가자를 별도의 더 작은 회의실로 나눌 수 있습니다.
예약 시 호스트가 참가자를 소회의실에 할당하도록 허용
원격 지원
미팅 호스트가 다른 참가자에게 1:1 원격 지원을 제공하도록 허용합니다.
선택 자막
호스트가 선택 자막을 입력하거나 선택 자막을 추가할 참가자/타사 장치를 할당하도록 허용합니다.

하는 것이 좋다. 혹시라도 자신의 컴퓨터가 해킹당할 우려가 있고 정보가 유출될 가능성이 있기 때문이다.

〈선택 자막〉은 회의나 강의 중에 회의 화면에 자막으로 중요한 사항을 참가자들에게 안내할 수 있는 기능이다. 호스트는 참가자 중에 한 명을 선택하여 〈선택 자막〉 기능을 사용할 수 있도록 지정할 수 있다.

〈자막 저장〉은 자막으로 처리된 대화 내용들을 저장하는 기능이다. 이 기능을 활성화시키면 내용이 저장되고, 비활성화하면 저장되지 않는다.

책정
영업에 문의
자막 저장
참가자가 선택 자막 또는 대화 내용을 저장하도록 허용합니다.
반대쪽 카메라 제어
회의 중에 다른 사용자가 카메라를 제어하도록 허용합니다. 두 사용자(제어를 요청하는 사용자와 제어를 허용하는 사용자)는 모두 이 옵션이 켜야 합니다.
그룹 HD 비디오
호스트와 참가자를 위해 화질이 더욱 뛰어난 비디오를 활성화합니다. 이 경우 대역폭 사용이 늘어납니다.
가상 배경 이미지
배경을 사용자 지정하여 회의에서 다른 사람에게 주변이 공개되지 않도록 할 수 있습니다. 녹색 화면의 유무에 관계없이 사용할 수 있습니다.

〈반대쪽 카메라 제어〉는 상대방 참가자의 카메라를 제어하는 기능이다. 이 기능을 활성화하면 카메라를 제어할 수 있고, 비활성화하면 제어할 수 없다. 단, 이 기능을 사용하기 위해서는 두 명 모두 이 기능을 활성화해야 한다.

〈그룹 HD비디오〉는 강의나 회의 중에 비디오 화질을 선명하게 해주는 기능이지만 CPU의 신호처리가 늘어남으로 기종에 따라 해상도에 차이가 날 수 있다.

〈가상 배경 이미지〉는 강의 수강이나 회의 참가시 주변 환경을 공개하지 않도록 가상 배경을 설치하는 기능이다. 줌이 업그레이드 되면서 녹색 크로마키 천 없이도 가상 배경 이미지를 설정할 수 있다. 다만, 컴퓨터 기종에 따라 크로마키 천이 필요한 기종도 있으므로 사용자의 컴퓨터 기종이 크로마키 배경 천이 없어도 가능한지 살펴봐야 한다.
〈비디오 필터〉 기능을 활성화하면 회의 중에 다양한 형태의 모습으로 변화를 줄 수 있다. 비디오 필터 기능도 업그레이드를 해줘야 한다. 이 기능은 호스트와 참가자의 모습에 변화를 줄 수 있다. 예를 들어 선글라스, 마스크 등 다양한 기능을 활용하여 자신의 모습을 표현할 수 있다.
〈이메일 초대를 보낼 때만 기본 이메일 표시〉 기능을 활성화하면 사용자가 이메일로만 참가자를 초대할 수 있다. 대부분 카톡이나 문자로 초대하는 경우가 많으므로 이 기능도 평소에는 비활성화

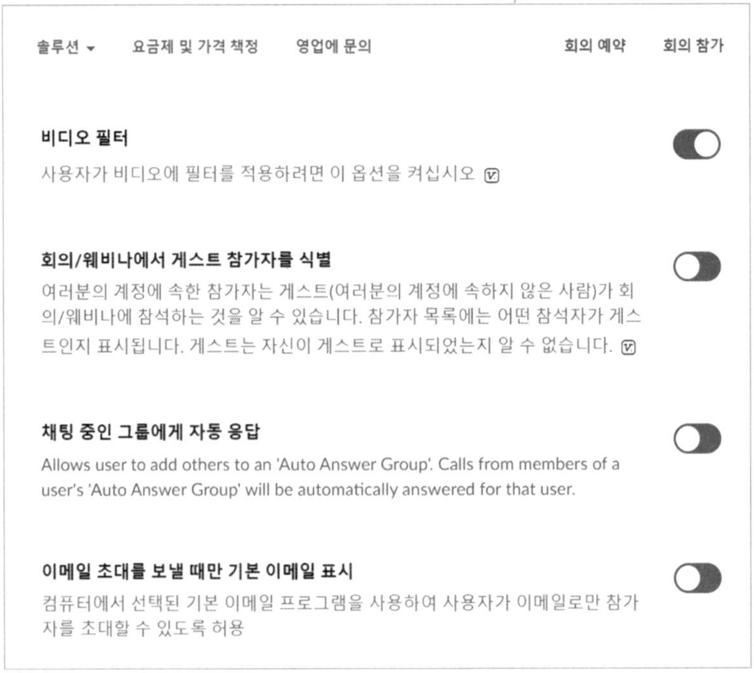

솔루션
요금제 및 가격 책정
영업에 문의
회의 예약
회의 참가
비디오 필터
사용자가 비디오에 필터를 적용하려면 이 옵션을 켜십시오
회의/웨비나에서 게스트 참가자를 식별
여러분의 계정에 속한 참가자는 게스트(여러분의 계정에 속하지 않은 사람)가 회의/웨비나에 참석하는 것을 알 수 있습니다. 참가자 목록에는 어떤 참석자가 게스트인지 표시됩니다. 게스트는 자신이 게스트로 표시되었는지 알 수 없습니다.
채팅 중인 그룹에게 자동 응답
Allows user to add others to an 'Auto Answer Group'. Calls from members of a user's 'Auto Answer Group' will be automatically answered for that user.
이메일 초대를 보낼 때만 기본 이메일 표시
컴퓨터에서 선택된 기본 이메일 프로그램을 사용하여 사용자가 이메일로만 참가자를 초대할 수 있도록 허용

해놓는 것이 편리하다.

줌 회의나 강의 영상을 페이스북이나 유튜브 또는 사용자가 지정하여 라이브 스트리밍 서비스를 제공한다. 〈회의 라이브 스트리밍을 허용합니다〉 기능을 활성화하고 페이스북이나 유튜브를 클릭하면 줌 회의 화면에 연결할 수 있는 메뉴가 나타난다. 줌으로 문화, 예술, 체육 등 다양한 분야를 중계방송할 때 이 기능이 필요하다. 공개강좌를 할 때도 페이스북이나 유튜브로 실시간 방송을 가능하게 해주는 기능이다.

줌 홈페이지에서 기본적으로 제공해주는 〈설정〉 메뉴에서 호스트

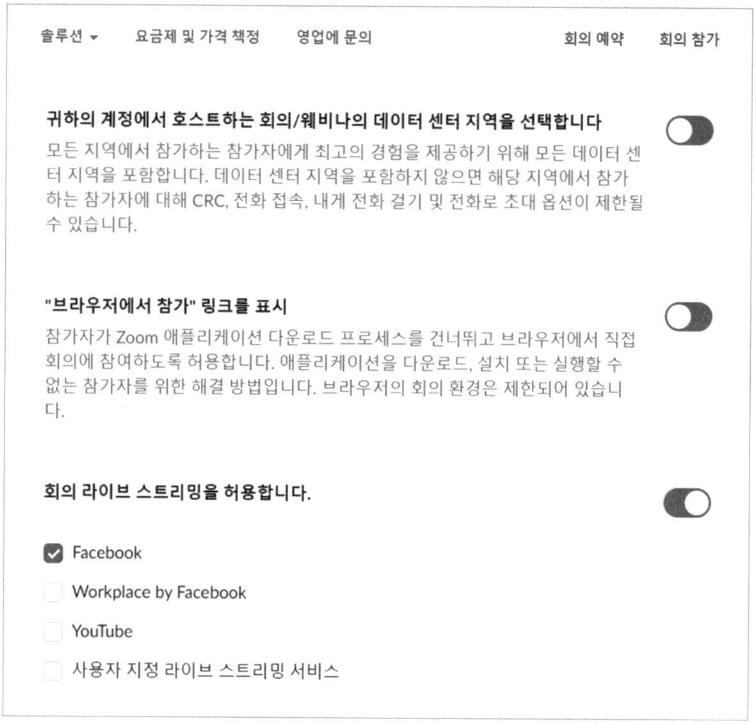

솔루션
요금제 및 가격 책정
영업에 문의
회의 예약
회의 참가
귀하의 계정에서 호스트하는 회의/웨비나의 데이터 센터 지역을 선택합니다
모든 지역에서 참가하는 참가자에게 최고의 경험을 제공하기 위해 모든 데이터 센터 지역을 포함합니다. 데이터 센터 지역을 포함하지 않으면 해당 지역에서 참가하는 참가자에 대해 CRC, 전화 접속, 내게 전화 걸기 및 전화로 초대 옵션이 제한될 수 있습니다.
"브라우저에서 참가" 링크를 표시
참가자가 Zoom 애플리케이션 다운로드 프로세스를 건너뛰고 브라우저에서 직접 회의에 참여하도록 허용합니다. 애플리케이션을 다운로드, 설치 또는 실행할 수 없는 참가자를 위한 해결 방법입니다. 브라우저의 회의 환경은 제한되어 있습니다.
회의 라이브 스트리밍을 허용합니다.
Facebook
Workplace by Facebook
YouTube
사용자 지정 라이브 스트리밍 서비스

가 회의 진행 시 필요한 부분만 활성화하여 진행하면 된다. 줌에 무료로 가입하면 기본적으로 사용할 수 있게 설정되어 있고, 유료 계정과 무료 계정의 설정 메뉴가 다른 경우도 있다. 사용자의 환경에 맞게 설정해놓고 회의나 강의를 진행한다. 줌이 업그레이드 되면서 설정 기능이 변경될 수도 있다. 업그레이드가 되면 설정 기능에 변화가 있는지 살펴보는 것도 줌을 올바르고 유용하게 사용하는 방법이다.

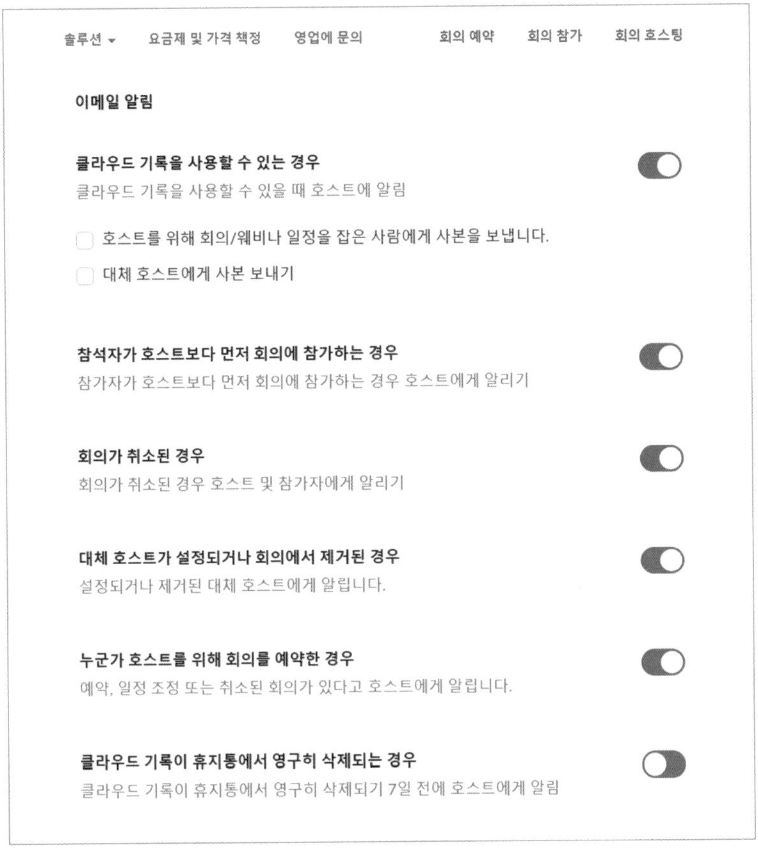
솔루션
요금제 및 가격 책정
영업에 문의
회의 예약
회의 참가
회의 호스팅
이메일 알림
클라우드 기록을 사용할 수 있는 경우
클라우드 기록을 사용할 수 있을 때 호스트에 알림
호스트를 위해 회의/웨비나 일정을 잡은 사람에게 사본을 보냅니다.
대체 호스트에게 사본 보내기
참석자가 호스트보다 먼저 회의에 참가하는 경우
참가자가 호스트보다 먼저 회의에 참가하는 경우 호스트에게 알리기
회의가 취소된 경우
회의가 취소된 경우 호스트 및 참가자에게 알리기
대체 호스트가 설정되거나 회의에서 제거된 경우
설정되거나 제거된 대체 호스트에게 알립니다.
누군가 호스트를 위해 회의를 예약한 경우
예약, 일정 조정 또는 취소된 회의가 있다고 호스트에게 알립니다.
클라우드 기록이 휴지통에서 영구히 삭제되는 경우
클라우드 기록이 휴지통에서 영구히 삭제되기 7일 전에 호스트에게 알림

02 단축키 외워서 활용하기

자주 사용하는 단축키

강의나 회의 중 갑자기 말할 때나 잠깐 대답이나 설명을 할 때 스페이스 바를 지그시 누르면 음소거가 해제된다. 이처럼 단축키를 외워서 활용하면 빠르게 줌 강의나 회의를 진행하거나 참가할 수 있다. 단축키의 장점은 여러 단계를 거쳐야 하는 것을 한 번에 해결해준다는 점이다. 호스트나 참가자가 자주 사용하는 단축키 정도는 외워서 활용해보자.

단축키	기능	어떤 상황에서 활용할까?
<ALT>+A	음소거 및 음소거 해제	강의나 화상회의에서 가장 많이 사용하는 기능이다. 질문이나 답변을 할 때 활용할 수 있다.
Space Bar	일시적으로 마이크 켜기	음소거를 해제하지 않고 간단한 말을 할 때 사용하는 기능이다. 마이크를 켜고 싶을 때는 스페이스 바를 누르고, 말이 끝나면 스페이스 바를 떼면 된다.
<ALT>+Y	손 들기 및 손 내리기	강의나 화상회의 중 질문이 있을 경우 손을 들거나 내릴 때 사용한다. 갑자기 궁금한 것이 떠오르면 재빠르게 <ALT+Y>를 누른다.
<ALT>+H	채팅 단축키	수업이나 화상회의 하면서 채팅이 필요할 때 사용한다. 온라인 강의나 화상회의에서 상대방의 말을 잘 알아듣지 못할 때 재빠르게 <ALT>+H를 누르면서 채팅으로 의사표현을 한다.
<ALT>+F1	발표자 단축키	컴퓨터 화면이 넘어갈 정도로 참가자들이 많을 경우에는 발표자를 보기가 힘들다. 발표자의 얼굴을 클로즈업할 때 사용하는 기능이다.
<ALT>+U	참가자 패널 보기	메인 화면에 나타나는 참가자들은 각자 다르게 보인다. 참가자들의 패널을 보기 위한 기능이다.
<ALT>+F2	갤러리 보기	발표자를 보고 있다가 다시 전체 참가자 보기로 전환할 때 <ALT>+F2를 누르면 화면에 전체 참가자를 볼 수 있다.
<ALT>+Q	회의 종료 단축키	회의나 강의를 종료할 때 간단히 사용하는 기능이다. 재빠르게 강의장을 떠나고 싶을 때 사용한다.

<ALT>+V	카메라 단축키	카메라가 두 대 이상 설치되어 있을 경우 활용하는 기능이다.
<ALT>+S	화면 공유 시작이나 정지 시	화면을 공유하거나 공유된 화면을 정지할 때 사용하는 기능이다.
<ALT>+F	전체화면 모드 변경	강의나 화상회의 시 전체화면으로 전환할 때 사용하는 기능이다.
<ALT>+I	초대 단축키	강의나 화상회의 중 참가자를 초대하는 기능이다.

단축키를 사용할 때 주의할 점

▶ 컴퓨터나 노트북 사양별로 단축키 활용이 다를 수 있다.
▶ 스마트폰에서는 단축키 기능을 사용할 수 없다.
▶ 화상회의나 온라인 강의를 듣는 기기의 상황을 파악하고 단축키를 활용해야 한다.

감사의 말

《줌 활용을 알려줌》은 줌 유격대만의 힘으로 만들어진 것이 아닙니다. 어려운 시기에도 우리와 함께한 많은 분의 도움이 있었기에 가능했습니다.

여러 차례 열린 '줌 캠프'는 물론이고 매주 일요일 오후 8시에 진행되는 '낯선 사람 만나기'와 격주로 토요일 5시에 모이는 '글로벌 장애인 화상 포럼 줌 미팅' 참여자들이 큰 힘이 되었습니다.

도움을 주신 분들의 명단을 이 지면에 실어 고마움을 표합니다.

저희 줌 유격대는 당신들을 감히 '개척자' 또는 '선구자'라고 칭합니다.

감사합니다.

집필에 도움을 주신 분들께 감사드립니다.

강삼산 강성윤 강혜란 고대영 고석출 고희범 구경서 권경진 권영훈 권영희 권재훈 김강희 김규식 김동임 김명희 김문수 김민숙 김부겸 김상식 김석봉 김선영 김성동 김수연 김연향 김영진 김재화 김창회 김혜숙 남정희 노수미 류종판 문기봉 문성식 문창규 박길상 박덕순 박마리아 박미라 박보영 박성재 박순연 박연숙 배정인 백선종 백종우 서해광 손수영 손영배 손진일 송미애 송정임 신근영 신호건 안남희 안병돈 안유경 양임순 양정화 오혜영 유은주 윤계숙 윤병현 윤영돈 윤용백 이광제 이미영 이보라 이상엽 이상옥 이상진 이선화 이영대 이정민 이정화 임명혁 임선희 임현주 임형숙 장정희 정인자 정혜윤 조윤정 조윤제 조환철 주현숙 진용근 차영호 최문희 최서영 최영소 최용균 최윤경 최종택 한유동 한희경 허영희 현석원

화상수업, 강연에 꼭 필요한

줌 활용을 알려줌

초판 1쇄 인쇄 2021년 1월 29일
초판 1쇄 발행 2021년 2월 9일

지은이 고정욱, 김원배, 정병길, 정은상, 정종영
펴낸이 이범상
펴낸곳 (주)비전비엔피 · 비전코리아

기획 편집 이경원 현민경 차재호 김승희 김연희 고연경 황서연 김태은 박승연
디자인 최원영 이상재 한우리
마케팅 이성호 최은석 전상미
전자책 김성화 김희정 이병준
관리 이다정

주소 우)04034 서울시 마포구 잔다리로7길 12 (서교동)
전화 02)338-2411 | **팩스** 02)338-2413
홈페이지 www.visionbp.co.kr
인스타그램 www.instagram.com/visioncorea
포스트 post.naver.com/visioncorea
이메일 visioncorea@naver.com
원고투고 editor@visionbp.co.kr

등록번호 제313-2005-224호

ISBN 978-89-6322-178-6 13320

• 값은 뒤표지에 있습니다.
• 잘못된 책은 구입하신 서점에서 바꿔드립니다.

도서에 대한 소식과 콘텐츠를
받아보고 싶으신가요?